Hugo

Paris

Adaptation et activités par **Lucia Bonato**
Illustrations de **Gianni De Conno**

Rédaction : Cristina Spano, Sarah Négrel
Conception graphique et direction artistique : Nadia Maestri
Mise en page : Tiziana Pesce
Recherches iconographiques : Laura Lagomarsino

© 2002 Cideb Editrice, Gênes

Nouvelle édition
© 2007 Cideb Editrice, Gênes

Crédits photographiques :
© Archive Cideb; Library of Congress, Prints and Photographs
Division, Washington: page 16, page 43

Vous trouverez sur les sites www.cideb.it et www.blackcat-cideb.com
(espace étudiants et enseignants) les liens et adresses Internet utiles
pour compléter les dossiers et les projets abordés dans le livre.

Pour toute suggestion ou information, la rédaction peut être
contactée à l'adresse suivante :
redaction@cideb.it
www.cideb.it

CISQ CISQ CERT
TEXTBOOKS AND
TEACHING MATERIALS
The quality of the publisher's
design, production and sales processes has
been certified to the standard of
UNI EN ISO 9001

ISBN 978-88-530-0804-6 livre
ISBN 978-88-530-0803-9 livre + CD

Imprimé en Italie par Litoprint, Gênes

Sommaire

▶️ Les chapitres 1, 2, 5, 6, 7, 8 et 9 sont intégralement enregistrés.

▶️ Ce symbole indique les exercices d'écoute et le numéro de la piste.

◇ DELF Les exercices qui présentent cette mention préparent aux
compétences requises pour l'examen.

Victor Hugo

Né le 26 février 1802 à Besançon, Victor Hugo est le dernier fils de Sophie Trébuchet et de Léopold Hugo, soldat de la Révolution, devenu comte et général.

Poète, romancier, dramaturge, critique, journaliste, historien, Victor Hugo est un géant de la littérature française. À 14 ans, il écrit déjà des vers ! Ses romans les plus célèbres sont *Notre-Dame de Paris* et *Les Misérables.*

Sa vie est aussi intense qu'un roman peuplé d'événements : une enfance de rêve, une vie sentimentale mouvementée, quatre enfants, une longue liaison avec une comédienne, des passions scandaleuses et des douleurs profondes causées par la mort de sa fille Léopoldine et par la folie de sa fille Adèle.

Il participe avec enthousiasme à la révolution de 1848 où il soutient la candidature de Louis-Napoléon à la présidence de la IIe République. Toutefois, après le coup d'État de décembre 1851, Victor Hugo dénonce les ambitions du président qui est devenu empereur. Son combat contre Napoléon III, qu'il appelle « Napoléon-le-Petit », l'oblige à dix-neuf années d'exil. Pour Victor Hugo, la mission de l'écrivain est de se faire le porte-parole de la justice et de la vérité pour l'humanité en marche vers la liberté. À son retour à Paris en 1870, il est accueilli triomphalement, élu député, puis sénateur. À ses obsèques, une foule immense lui rend hommage. Son corps est inhumé au Panthéon, avec les grands hommes de France.

Compréhension écrite

DELF **1** Lisez attentivement le dossier, puis dites si les affirmations suivantes sont vraies (V) ou fausses (F).

		V	F
1	Victor Hugo est l'aîné de la famille Hugo.	☐	☐
2	Il a commencé à écrire à l'âge adulte.	☐	☐
3	Sa vie a été très aventureuse.	☐	☐
4	Il a vécu toute sa vie à Paris.	☐	☐
5	Comme son père, il a participé à une révolution.	☐	☐
6	Il a toujours été en accord avec les idées de Napoléon III.	☐	☐
7	Victor Hugo a été enterré au cimetière du Père Lachaise.	☐	☐
8	Selon Victor Hugo, l'écrivain a une mission sociale importante.	☐	☐

Personnages

De gauche à droite et de haut en bas :
Claude Frollo, Quasimodo, Esmeralda, La recluse de la Tour-Roland, Gringoire, Phœbus, Fleur-de-Lys.

CHAPITRE **1**

Le pape des fous

Il y a trois cent quarante-huit ans six mois et dix-neuf jours [1]**, les** 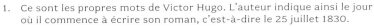 **Parisiens s'éveillent un matin au son des cloches de la ville.** C'est le 6 janvier 1482 ; Paris s'apprête à fêter le jour des Rois [2] et la fête des Fous. Pour célébrer dignement ces deux occasions exceptionnellement réunies, un feu de joie sera allumé sur la place de Grève et un mystère sera joué au Palais de Justice. Très tôt le matin, une foule nombreuse se dirige vers la Cité [3] pour assister aux spectacles. Aux fenêtres, aux balcons, sur les toits, des milliers de curieux regardent les gens qui passent.

---

1. Ce sont les propres mots de Victor Hugo. L'auteur indique ainsi le jour où il commence à écrire son roman, c'est-à-dire le 25 juillet 1830.
2. **Le jour des Rois** : fête des Rois mages, Épiphanie.
3. **La Cité** : l'île de la Cité, au cœur de Paris.

Notre-Dame de Paris

Vers midi, l'ambiance commence à se réchauffer : le cardinal, l'évêque et une délégation flamande [1] vont assister au mystère. On attend leur arrivée pour commencer la représentation. Les spectateurs sont impatients, les étudiants des universités de Paris s'amusent à les exciter.

— Eh ! On peut bien commencer sans attendre ces messieurs !

— On a assez attendu. On veut le mystère, sinon on vous mettra la salle et les acteurs en morceaux !

Un individu maigre, pâle et timide s'avance pour calmer la foule :

— Calmez-vous, calmez-vous ! Je m'appelle Pierre Gringoire [2], je suis poète et philosophe, je suis l'auteur du mystère et je vous dis que nous allons commencer sans eux.

Le peuple exulte en lançant le cri de joie des grandes occasions :

— Noël ! Noël ! [3]

Le mystère commence, mais hélas il est trop pompeux et trop sérieux pour plaire à un public qui a envie de s'amuser. Bientôt, tout le monde s'ennuie et donne des signes évidents d'exaspération. Ainsi, lorsqu'un huissier [4] annonce à voix haute l'entrée des autorités, le public se distrait en regardant, admirant ou critiquant les derniers arrivés. Plus personne ne

---

1. **Flamand** : qui provient des Flandres, région de la Belgique.
2. **Pierre Gringoire** : poète du Moyen Âge, né en 1475, qui est l'auteur de satires politiques. Pour les besoins de son œuvre, Victor Hugo le fait naître un peu avant et lui attribue un genre littéraire et des caractéristiques fantaisistes.
3. **Noël ! Noël !** : au Moyen Âge, le peuple criait ces mots pour exprimer sa joie dans les grandes occasions.
4. **Un huissier** : employé chargé d'accueillir, d'introduire et d'annoncer les visiteurs.

Le pape des fous

s'intéresse au mystère ; les acteurs sont très irrités et Gringoire aussi, qui hésite entre la colère et l'humiliation.

Un marchand flamand arrivé en ville avec la délégation, proteste vivement contre une fête où personne ne s'amuse.

— Messieurs les bourgeois de Paris, je ne sais pas ce que nous faisons ici. On m'avait dit qu'on s'amuserait comme des fous. On m'avait promis qu'on ferait une fête avec élection du pape des fous, mais là, franchement... Écoutez, chez nous aussi on fait ça et, je vous l'assure, nous sommes des maîtres ! Voici comment on fait : on rassemble une foule et puis chacun à son tour passe sa tête par un trou et fait une grimace [1]. Celui qui fait la plus laide [2], à l'acclamation de tous, est élu pape. Voulez-vous qu'on fasse la même chose ici ?

L'enthousiasme est général. Il y a sur la place une telle quantité de visages laids, qu'on peut espérer une compétition très animée.

La salle se vide en un clin d'œil [3]. Gringoire, stupéfait et indigné, impose courageusement à ses acteurs de continuer mais il reste le seul spectateur de sa pièce !

Entre-temps, la foule se dirige vers la petite chapelle du Palais de Justice qui devient le théâtre des grimaces ; une rosace [4] cassée se transforme en cadre de pierre idéal pour y faire passer les têtes. Les concurrents s'alternent rapidement au milieu des acclamations jusqu'au moment où, dans le cercle de pierre, on

1. **Une grimace** : contorsion, volontaire ou non, du visage qui exprime peur, colère, mécontentement...
2. **Laid** : horrible. C'est le contraire de beau.
3. **En un clin d'œil** : très rapidement.
4. **Une rosace** : en architecture, ornement ou vitrail de forme circulaire.

Notre-Dame de Paris

voit apparaître un visage grotesque qui est l'incarnation de la laideur parfaite : une bouche en fer à cheval, l'œil gauche obstrué d'un sourcil roux et l'œil droit caché sous une énorme verrue, des dents désordonnées et ébréchées [1]. Dans la salle, la foule déborde d'enthousiasme :

— Incroyable ! Quelle laideur sublime.

— Quelle horreur ! Jamais rien vu de plus vilain ! Il mérite le sceptre du pape des fous.

— C'est lui le plus fou ! Sortez-le de là ! Il faut le préparer pour la fête.

La surprise est encore plus grande quand on s'aperçoit que cette grimace est un véritable visage, monté sur une tête démesurée garnie de cheveux ébouriffés [2], accompagnée d'une bosse [3] énorme, de jambes qui ne se touchent qu'aux genoux, de pieds et de mains monstrueux. Bref, une espèce de cyclope au corps presque aussi large que haut mais qui ne manque pas de vigueur et d'agilité. Les hommes trouvent tout cela très amusant tandis que les femmes sont horrifiées.

— Mais c'est Quasimodo, le bossu de Notre-Dame, le sonneur de cloches !

— Vive le pape des fous, vive Quasimodo !

— C'est laid comme le diable ! Son âme doit être toute noire ! Il est toujours sur nos toits. C'est épouvantable !

Le pauvre bossu regarde avec stupeur tous ces hommes beaux, droits et bien faits qui l'acclament dans la joie générale.

---

1. **Ébréché** : cassé.
2. **Ébouriffé** : très en désordre.
3. **Une bosse** : proéminence du dos.

Notre-Dame de Paris

Devant leur curiosité, il reste silencieux et ne donne aucun signe de vie. Il n'entend rien de ce qu'on lui dit parce que le son des cloches l'a rendu sourd. Il vit comme un proscrit [1] sous les toits de la cathédrale ; il ne parle pas souvent et sort très rarement.

Après l'élection, le pape Quasimodo est hissé sur une sorte de trône et mené en procession dans les rues de la ville. Le duc d'Égypte, à cheval, ouvre le cortège ; il est suivi de ses égyptiens [2], puis du peuple du royaume d'argot [3] et de La cour des Miracles [4]. Pauvre bossu, il est presque content parce que pour la première fois il est au centre de l'attention.

1. **Un proscrit** : exilé, personne exclue d'une communauté.
2. **Égyptien** : au Moyen Âge, on appelait ainsi tous les nomades qu'on désigne maintenant du nom de bohémiens, gitans, tsiganes.
3. **Le peuple du royaume d'argot** : voleurs, délinquants et malfaiteurs des bas-fonds de la ville. Leur langue, l'argot, était incompréhensible aux autres personnes. Certains mots s'utilisent encore de nos jours.
4. **La cour des Miracles** : lieu malfamé, quartier peuplé de mendiants et de voleurs.

Compréhension écrite et orale

DELF **1** Lisez attentivement le chapitre, puis dites si les affirmations suivantes sont vraies (V) ou fausses (F).

		V	F
1	C'est un jour d'hiver, les Parisiens sont en fête depuis le matin et se dirigent vers l'île de la Cité.	☐	☐
2	Les gens attendent patiemment le début du spectacle.	☐	☐
3	Le poète Gringoire fait commencer la représentation sans attendre les autorités.	☐	☐
4	Le public assiste ravi au mystère : c'est un succès pour Gringoire.	☐	☐
5	Un marchand flamand propose un jeu qui passionne le public.	☐	☐
6	La plus belle grimace sera récompensée par une somme d'argent.	☐	☐
7	Parmi tous ces beaux visages, il est difficile de trouver une grimace très laide.	☐	☐
8	Quasimodo doit faire un grand effort pour mériter le titre de Pape des Fous.	☐	☐

2 Relevez dans le texte les expressions qui décrivent les personnages.

Quasimodo	
Gringoire	
le public	

Enrichissez votre **vocabulaire**

1 **Associez chaque mot à sa définition.**

a Un feu de joie   b Une parade militaire

c Des manèges   d Une procession/un cortège

e Un feu d'artifice   f Un mât de cocagne

g Un barbecue   h Un bal

1 ☐ Le public danse sur des airs populaires qu'un orchestre joue sous un chapiteau.

2 ☐ De la viande et des légumes sont cuits sur le gril et sont servis lors d'un repas convivial et informel.

3 ☐ Perche très lisse et très haute sur laquelle les concurrents doivent grimper pour gagner les prix qui y sont suspendus.

4 ☐ Tous les corps de l'armée défilent avec leurs armes et leurs moyens de transport.

5 ☐ Attractions mécaniques où des animaux ou des véhicules tournent autour d'un axe pour la joie des enfants.

6 ☐ Grand feu allumé le soir en plein air. Les gens dansent et bavardent autour du feu.

7 ☐ Des gens défilent en silence ou bien en scandant des prières ou des slogans.

8 ☐ D'énormes pétards colorés éclatent dans le ciel noir de la nuit.

3 **2** **Écoutez, puis complétez l'exercice.**

1 Vers la fin du XVe siècle, Paris compte environ .... habitants

2 Pour la plupart, ils vivent très .... et sont totalement ....

3 L'........................ religieuse est le seul moyen de diffusion de la culture.

4 C'est autour des .... que naissent les universités.

5 Puisque le peuple ne sait pas lire, on l'instruit par les ....

6   On met en scène des .... sacrées sur le parvis de l'église.

7   Les .... sont inspirés de la vie de la Vierge et des saints.

8   Les .... représentent des épisodes de la vie du Christ.

Grammaire

Le futur dans le passé

Dans certains cas, le conditionnel présent indique un fait futur par rapport à un moment passé. C'est ce que l'on appelle **le futur dans le passé**.

*Pierre Gringoire **espère** que le mystère **aura** du succès.* → *Pierre Gringoire **espérait** que le mystère **aurait** du succès.*

On utilise également le futur dans le passé dans le discours indirect où il est l'équivalent du futur simple du discours direct.

*On m'**avait dit** : « On s'**amusera**. »* → *On m'**avait dit** qu'on s'**amuserait**.*

1 Conjuguez les verbes entre parenthèses en utilisant le futur dans le passé.

1   Les Parisiens savaient qu'il y (*avoir*) .... une grande fête.

2   Les organisateurs avaient annoncé que les autorités (*assister*) .... à la manifestation.

3   Tout le monde pensait que le public (*trouver*) .... ce jeu très amusant.

4   On pensait que la délégation flamande (*arriver*) .... en retard.

5   Le programme disait qu'on (*allumer*) .... un grand feu place de Grève.

6   Gringoire espérait qu'il (*rester*) .... quelques spectateurs dans la salle.

7   Quasimodo ne pensait pas que la foule l'(*applaudir*) ....

L'Hôtel de Ville et la place de Grève, 1757, Raguenet, Musée Carnavalet.

La place de Grève, *hier et aujourd'hui*

La place de Grève jusqu'en 1850

Victor Hugo nous décrit la place telle qu'elle était au Moyen Âge.

À cette époque, la place de Grève avait un aspect bien différent de celui qu'elle a de nos jours : trois côtés étaient bordés par de hautes maisons qui se serraient les unes contre les autres, alors que le quatrième côté était bordé par la Seine. La place descendait en pente douce jusqu'au fleuve (grève signifie *plage*). À cette époque-là, c'était le rendez-vous des ouvriers sans travail, d'où l'expression

« faire la grève » [1]. C'était aussi la place du pouvoir : depuis 1357, la « Maison aux Piliers » était le siège de la municipalité. En 1533, elle fut remplacée par un nouvel édifice.

Pendant longtemps, la place a été le lieu où se rendait la justice. Les condamnés à mort étaient exécutés selon leur classe sociale ou le crime qu'ils avaient commis : le peuple et les bourgeois étaient pendus, les aristocrates décapités, les sorciers et les hérétiques brûlés vifs et les assassins suppliciés sur la roue [2].

La place de Grève aujourd'hui

Sous Napoléon III, le préfet Haussmann rase les vieilles maisons et les petites rues autour de la place et quadruple sa superficie.

L'Hôtel de Ville.

1. **Faire la grève** : de nos jours, cette expression indique l'abstention volontaire du travail comme forme de protestation.
2. **La roue** : supplice qui consistait à attacher le criminel à une roue, après lui avoir cassé les membres.

Détail de l'Hôtel de Ville.

Après le désastre de Sedan (guerre contre les Prussiens), qui marque la fin du Second Empire et de Napoléon III, le peuple en colère prend le pouvoir, s'installe à l'Hôtel de Ville et proclame la Commune en 1871. Pendant une semaine de répression sanglante, le palais est incendié. Par la suite, l'édifice est reconstruit en style néo-renaissance avec une riche décoration : les 146 statues et sculptures qui ornent le palais représentent des personnages célèbres et les grandes villes de France.

Du côté du fleuve, il n'y a plus de plage : les berges de la Seine sont devenues de hautes barrières de pierre. Ce lieu s'appelle aujourd'hui *place de l'Hôtel de Ville*, siège de la mairie de Paris.

Compréhension écrite

DELF **1** Lisez attentivement le dossier, puis cochez la bonne réponse.

1 Au Moyen Âge, le siège de la municipalité se trouvait

    a ☐ dans la « Maison aux Piliers ».

    b ☐ dans l'Hôtel de Ville, construit sous Napoléon III.

    c ☐ dans un édifice construit par Haussmann.

2 Sur la place de Grève,

    a ☐ se retrouvaient tous les délinquants de la ville.

    b ☐ on rendait la justice.

    c ☐ on manifestait contre le manque de travail.

3 La place de Grève

    a ☐ a profondément changé, mais conserve toujours son nom.

    b ☐ n'a changé que son nom.

    c ☐ a changé de nom et d'aspect.

4 Sa transformation remonte

    a ☐ au XVIe siècle.

    b ☐ au XIXe siècle.

    c ☐ au XVe siècle.

5 L'Hôtel de Ville a été

    a ☐ démoli par le peuple.

    b ☐ reconstruit par Napoléon III.

    c ☐ incendié lors de la répression de la Commune.

CHAPITRE **2**

Le poète et la bohémienne

La pièce de Gringoire s'est terminée et il semble bien abattu.

— Misérable poète que je suis ! Je n'ai pas un sou, je n'ai rien à manger et pas un abri[1] pour la nuit... Que faire ? ... Eh bien, tiens, je pourrais aller à la Grève. Il est vrai que l'endroit n'est pas bien gai avec ce pilori[2] et ce gibet[3] au milieu de la place, mais ce soir on allume un feu de joie. Au moins, je serai au chaud.

Lorsque Gringoire arrive sur la place, des spectateurs disposés en cercle assistent au spectacle d'une jeune danseuse. Illuminée par les éclats du feu de bois, la jeune fille brune, menue

---

1. **Un abri** : lieu protégé, refuge.
2. **Le pilori** : poteau auquel on attachait un condamné pour l'exposition publique.

3. **Le gibet :**

Le poète et la bohémienne

et délicate, danse au son d'un tambour de basque [1]. À chaque tour, ses yeux noirs lancent des éclairs sur la foule fascinée. Elle a peut-être seize ans et l'on dirait une déesse : ses jambes fines, que la jupe bariolée [2] découvre par moments, ses épaules nues, ses petits pieds agiles retiennent comme par magie l'attention de tout le monde. Personne ne bouge, personne ne parle.

Parmi tous les visages en contemplation, un en particulier se remarque par la gravité et l'intensité du regard. L'homme n'est pas vieux mais il est déjà chauve [3] ; de temps en temps il sourit tristement et soupire.

Quand la danse se termine, la bohémienne appelle sa petite chèvre.

— Djali, c'est ton tour. À quel mois de l'année sommes-nous ?

La chèvre frappe un coup pour désigner le mois de janvier.

— Djali, à quelle heure du jour sommes-nous ?

Et Djali frappe sept coups. Au même moment, l'horloge de la « Maison aux Piliers » sonne sept heures. Le peuple est émerveillé. Ensuite la chèvre fait la parodie [4] des juges du Palais de Justice. L'homme chauve s'exclame d'une voix sinistre :

— Sacrilège ! Profanation ! C'est une sorcière [5].

La bohémienne le regarde un instant d'un air vexé [6], puis elle se met à recueillir dans son tambour les pièces que le public vient

---

1. **Un tambour de basque :**
2. **Bariolé** : multicolore.
3. **Chauve** : sans cheveux.
4. **Une parodie** : imitation qui ridiculise.
5. **Une sorcière** : femme qui pratique la magie et la sorcellerie, et qui, au Moyen Âge, était condamnée par l'Église et par l'État.
6. **Vexé** : irrité, humilié.

Notre-Dame de Paris

de lui offrir. Quand elle s'approche de la maison de la Tour-Roland, une voix de femme, rauque et méchante, hurle contre elle :

— T'en iras-tu, sauterelle [1] d'Égypte ? Bohémienne maudite, cigale d'enfer ! Ta magie te fera mourir.

La petite est effrayée, elle veut s'éloigner, mais le cortège du pape des fous fait son entrée à la Grève. L'homme chauve regarde la foule joyeuse. Il porte un habit ecclésiastique : tout le monde le reconnaît, c'est dom Claude Frollo, l'archidiacre de Notre-Dame. Quand il voit Quasimodo installé sur son trône, il se précipite, irrité et impérieux, pour arracher [2] le bossu de son siège. La foule étonnée s'attend à une réaction violente, mais Quasimodo se met à genoux, humble et suppliant, devant le prêtre. Quand il se relève, il suit docilement l'archidiacre et, un instant après, ils disparaissent.

Gringoire trouve la scène passionnante, cependant il est inquiet : le banquet prévu à la Grève est fini depuis longtemps. Il a faim, le froid commence à piquer et il ne sait pas quoi faire. Il voit passer la bohémienne qui s'en va d'un pas décidé et il se met à la suivre.

— Elle loge sûrement quelque part... Les bohémiens ont bon cœur. Qui sait ?... Oh là ! Eh ! Oh ! Je ne dois pas la perdre de vue. Je ne connais pas ces rues !

Tout à coup il l'entend crier. Il hâte le pas et au coin de la rue il voit Quasimodo qui emporte la fille sur son bras comme une écharpe de soie. Gringoire distingue l'ombre d'un deuxième homme mais il n'a pas le temps de voir son visage puisque le bossu le jette à terre. Puis, une voix impérieuse résonne dans la nuit :

1. **Une sauterelle :**
2. **Arracher :** ici, faire descendre d'un geste violent.

Le poète et la bohémienne

— Halte-là, misérables, rendez-moi cette petite !

C'est le capitaine des archers du roi, armé de pied en cap [1], son espadon à la main. Quinze autres archers surgissent autour de lui. Profitant de la surprise, le capitaine arrache la bohémienne des mains du bossu, la met en selle et s'en va au galop. Il s'arrête un peu plus loin ; Esmeralda regarde son sauveur avec une tendresse et une admiration infinies.

— Comment vous appelez-vous, monsieur le gendarme ?

— Capitaine Phœbus [2] de Châteaupers, pour vous servir, ma belle !

— Merci de m'avoir sauvée !

Elle se laisse glisser du cheval et s'enfuit dans l'obscurité.

Gringoire se relève ; il a mal partout et il ne sait plus très bien où il se trouve. Il se remet en marche, il revient sur ses pas, se trompe, recommence et finit par se perdre. Il entrevoit partout des masses noires qui avancent lentement et lui barrent le chemin. Ce sont des mendiants aux difformités les plus incroyables : des culs-de-jatte [3], des aveugles [4], des estropiés [5]. Ils parlent tous des langues incompréhensibles : ils demandent à Gringoire de l'argent et le talonnent avec insistance. Le poète réussit à leur échapper ; c'est alors que les mendiants retrouvent miraculeusement jambes, vue et vigueur pour le poursuivre et l'encercler. Désormais, il est trop tard pour revenir sur ses pas !

1. **De pied en cap** : de la tête au pied, complètement.
2. **Phœbus** : nom grec d'Apollon, fils de Zeus et dieu du soleil. Il incarne l'idéal classique de la beauté masculine.
3. **Un cul-de-jatte** : personne sans jambes.
4. **Un aveugle** : personne qui ne voit pas.
5. **Un estropié** : personne privée d'un membre.

Notre-Dame de Paris

— Dieu du ciel, où est-ce que je me trouve ?

— Dans la cour des Miracles.

— Sur mon âme, je vois bien les miracles puisque les aveugles voient et les culs-de-jatte courent... mais où est le Sauveur ?

— Pas de Sauveur ! Tu es un intrus ici. Notre roi va décider de ton sort.

Pauvre Gringoire ! L'accueil n'est pas amical et ce qu'il voit est déconcertant : les mendiants, qui le jour suscitent la pitié des passants, sont des acteurs chevronnés [1], de véritables brigands. Le soir venu, chacun abandonne son déguisement, enlève ses fausses blessures, libère ses jambes saines et vigoureuses enfermées toute la journée dans mille ligatures, et tous se réunissent autour d'une table pour boire du vin et de la bière.

Gringoire est un intrus, il doit être pendu. Inutile qu'il jure qu'il se fera truand [2] lui aussi ; ces gens-là ne savent que faire d'un poète philosophe.

— À moins qu'une femme ne t'accepte pour mari, mais tu es bien trop maigre et trop bavard pour allumer le feu de la passion chez une de nos femmes. Ah ah ! Alors les jolies filles, qui veut de cet homme ?

Une vieille édentée [3] à l'aspect effrayant [4] s'approche... Gringoire tremble. Heureusement elle renonce à faire sa proposition. Mais un cri se lève dans la foule : — Esmeralda ! Esmeralda !

Gringoire regarde stupéfait la jeune danseuse. Elle s'adresse à Clopin, le chef de cette tribu singulière :

1. **Chevronné** : expérimenté, très habile.
2. **Un truand** : au Moyen Âge, mendiant professionnel, membre d'une communauté de voleurs.
3. **Édenté** : qui n'a plus de dents.
4. **Effrayant** : qui fait peur.

Le poète et la bohémienne

— Vous allez pendre cet homme ? Je le prends !

— Ça te servira à quoi, ce bon à rien pour mari ? En tout cas, te voilà contentée... Mes frères, apportez une cruche [1]! Le mariage doit être célébré selon nos rites.

La bohémienne présente à Gringoire la cruche d'argile et elle lui demande de la jeter à terre. Clopin pose ses mains sur le front des deux époux :

— Frère, elle est ta femme. Sœur, il est ton mari. Pour quatre ans. Allez !

Drôle [2] d'épilogue pour une journée bien remplie d'événements. Gringoire passe de la corde au cou à la joie d'avoir pour femme la plus jolie fille de Paris. Il se fait même quelques illusions au sujet de leur nuit de noce.

— Je t'aime, Esmeralda, et après tout je suis ton mari, c'est toi qui m'as choisi !

Mais pour Esmeralda l'amour a déjà un autre visage.

— Je ne voulais pas te laisser pendre, mais ne te fais pas d'illusion, Gringoire. Je suis une enfant perdue. L'amulette que je porte au cou est le seul souvenir de mes parents. Une magicienne m'a dit que je les retrouverai à condition de conserver ma pureté. Et je ne veux pas manquer à ce serment [3].

Dans la pièce modeste qui lui sert de maison et qu'elle partage maintenant avec Gringoire, Esmeralda se couche sur le tapis à côté de Djali en répétant à l'infini le nom de Phœbus.

1. **Une cruche :**
2. **Drôle :** ici, bizarre, surprenant.
3. **Un serment :** promesse.

Compréhension écrite et orale

DELF ❶ Lisez attentivement le chapitre, puis dites si les affirmations suivantes sur la cour des Miracles sont vraies (V) ou fausses (F).

		V	F
1	C'est un monde innocent et lumineux.	☐	☐
2	Gringoire reçoit un accueil très peu amical : il est assiégé par des individus sinistres.	☐	☐
3	Ils passent leurs journées dans les rues de la ville en buvant et en discutant entre eux.	☐	☐
4	Leurs infirmités sont un déguisement habile et malhonnête.	☐	☐
5	C'est un monde tout au masculin.	☐	☐
6	Le soir, chacun enlève son déguisement : les culs-de-jatte retrouvent leurs jambes, les aveugles retrouvent la vue.	☐	☐
7	Ensuite, ils se réunissent autour d'une bouteille et boivent jusqu'à se soûler.	☐	☐
8	Entre eux, il y a une grande solidarité et ils sont généreux envers les étrangers.	☐	☐

❷ Relisez attentivement le chapitre, puis complétez le texte.

Gringoire n'a rien à manger et n'a même pas un (1) .... ni un (2) .... pour la nuit. Quand il arrive à la Grève, le (3) .... est terminé ; le public est en (4) .... devant une jeune danseuse de (5) .... ans, belle comme une (6) .... Sa danse est rythmée par un (7) .... Tout le monde applaudit la bohémienne, sauf la vieille à la voix (8) .... et (9) ...., et (10) .... dom Claude Frollo. Cet homme est fasciné par la jeune fille mais n'hésite pas à l'accuser d'être une (11) .... Cependant l'attention de Frollo est attirée par (12) .... qui arrive à la tête du (13) .... Il l'arrache de son (14) .... et disparaît avec lui. Gringoire les retrouve un peu plus tard au (15) .... d'une rue : ils essaient d'enlever la bohémienne. Heureusement, des (16) .... du roi (17) .... la pauvre petite. Gringoire la perd de vue et ne sait plus où il se trouve. À sa grande surprise il voit surgir tout un monde difforme autour de lui, c'est la **(18)** .... Ici, Gringoire est un **(19)** .... et pour cette raison, il doit être **(20)** .... Esmeralda le sauve en acceptant de le prendre pour **(21)** .... même si son cœur bat pour **(22)** .... Elle révèle à Gringoire qu'elle est une enfant **(23)** .... et que pour retrouver ses parents elle doit conserver sa **(24)** ....

3 **Écoutez avec attention. Complétez les phrases si nécessaire puis choisissez la bonne réponse.**

DELF

1 Gringoire était le fils d'un ....., par conséquent il est né
- à la campagne.
- en ville.

2 Il était tout petit quand ses parents ont été ....., il était donc
- orfèvre.
- orphelin.

3 Il a passé son enfance à Paris ; il était pauvre et vivait grâce à la ...
- de l'église.
- des gens charitables.

4 À ..... ans, il a dû choisir son avenir, il a tenté plusieurs
- filières.
- carrières.

5 Mais comme il n'était bon à rien, il a choisi de devenir
- voleur et brigand.
- poète.

6 L'archidiacre dom Claude Frollo
- s'est intéressé à lui.
- a écrit un livre sur lui.

7 Il rassure Esmeralda parce qu'il
- sait lire et écrire.
- respectera sa volonté.

Enrichissez votre **vocabulaire**

1 Associez chaque adjectif à la phrase correspondante.

Elle est...

a astucieuse/habile   c sensible   f timide

b fière   d charmante   g malheureuse

   e généreuse   h déterminée

parce qu'elle

1 ☐ ne se laisse pas trop impressionner par les mots de Frollo.

2 ☐ danse avec grâce et sensualité.

3 ☐ a su dresser sa chèvre pour qu'elle étonne le public.

4 ☐ ne connaît pas ses parents.

5 ☐ ne veut pas que Gringoire soit pendu sans raison.

6 ☐ se sent blessée par la haine injustifiée de la vieille femme.

7 ☐ n'ose pas s'entretenir trop longtemps avec Phœbus.

8 ☐ ne renonce pas à réaliser son rêve de revoir un jour ses parents.

2 Remplissez la grille avec les informations concernant Esmeralda.

Aspect physique	
Habillement	
Actions	
« Instruments » de travail	
Réactions des spectateurs	

3 Associez chaque expression à sa définition.

Saint Valentin   prince charmant   Cupidon   Amoureux
coup de foudre   14 février   tombé amoureux

1 Quand un amour naît à la première rencontre, c'est un

....

2 Quand on éprouve ce sentiment, on dit que l'on est

....

3 Phœbus est beau et courageux, il arrive à cheval et sauve Esmeralda du danger : c'est son ....

4 Dans la mythologie ancienne, l'amour est représenté par

....

5 La fête des amoureux tombe le .... C'est la ....

6 Les .... de Peynet, un dessinateur français du XXe siècle, sont devenus le symbole de cette fête.

4 **Retrouvez les noms de danse cachés dans la grille.**

boogie-woogie   cancan   charleston   flamenco   fox-trot
java   mambo   mazurka   menuet   paso doble   polka   reggae
rigaudon   rumba   samba   tango   twist   valse

A	B	V	O	R	R	T	I	N	T	R	E
B	O	O	G	I	E	W	O	O	G	I	E
M	A	I	N	S	G	I	R	E	C	G	L
U	L	P	A	N	G	S	O	U	H	A	B
R	S	O	T	T	A	T	P	P	A	U	O
U	F	L	A	M	E	N	C	O	R	D	D
P	A	K	B	U	M	V	Z	T	L	O	O
E	C	A	N	C	A	N	F	M	E	N	S
T	H	E	D	S	M	V	A	L	S	E	A
R	M	Y	O	U	B	B	A	I	T	O	P
F	O	X	T	R	O	T	J	J	O	L	I
O	T	A	K	R	U	Z	A	M	N	E	N

CHAPITRE **3**

Quelle justice pour Quasimodo ?

Le lendemain de la fête, les rues sont pleines de détritus et il faut tout nettoyer. Au tribunal du Grand-Châtelet, les juges tiennent audience pour faire eux aussi leur nettoyage des criminels arrêtés la veille. Ils se présentent dans leurs habits majestueux. La justice doit être effrayante !

Maître Florian Barbedienne, juge de la cour du roi, fait une entrée solennelle entouré de gendarmes. Seul petit détail, absolument secondaire à son avis, il est sourd ! Tout le monde le sait, mais il s'est toujours arrangé pour dissimuler ce « petit défaut » grâce à quelques stratagèmes. Or, ce matin, il se trouve devant un criminel hors du commun : Quasimodo. Quasimodo est ligoté [1]

---

1. **Ligoté** : attaché solidement.

Quelle justice pour Quasimodo ?

et serré de près [1] par les sergents. Le juge commence l'interrogatoire habituel :

— Votre nom ?

Voici un cas tout à fait extraordinaire : un sourd qui doit juger un autre sourd. Drôle de situation ! Quasimodo n'entend pas la question et personne ne l'avertit qu'il doit répondre. Le juge n'entend rien, lui non plus, et personne ne le prévient que l'accusé est sourd. Comme d'habitude, il fait semblant d'avoir entendu la réponse.

— C'est bien. Votre âge ?

— *(silence de Quasimodo)*

— Maintenant, votre état.

— *(silence de Quasimodo)*

— C'est bien. Vous êtes accusé de tentative d'enlèvement [2] d'une jeune fille et de rébellion envers les archers du roi. Greffier [3], avez-vous écrit tout ce que l'accusé a dit ?

Le peuple éclate de rire. Le juge croit que c'est la réponse idiote de l'accusé qui provoque cette réaction. Il se met en colère et demande au magistrat d'appliquer la peine la plus sévère. Messire Robert d'Estouteville sait que son collègue est sourd et essaie de sauver la situation. Il s'adresse à Quasimodo avec un geste impérieux. Cette fois, Quasimodo comprend qu'il doit répondre.

— Qu'est-ce que tu as donc fait pour être ici ?

— Quasimodo. Sonneur de cloches à Notre-Dame.

— Espèce d'imbécile, tu te moques de moi ? Sonneur de cloches ! Tu les entendras toutes les cloches que je ferai sonner !

1. **Serrer de près** : talonner, suivre.
2. **Un enlèvement** : ici, action d'emmener quelqu'un par la force ou contre sa volonté.
3. **Un greffier** : officier public qui transcrit un procès.

Notre-Dame de Paris

Un carillon [1] de coups sur ton dos !

— Si c'est mon âge que vous voulez savoir, je crois que j'aurai bientôt vingt ans.

C'est le comble [2]. Un rire violent et contagieux s'empare de l'auditoire. Le greffier, pris de pitié, communique à maître Barbedienne que l'accusé est sourd, mais cela n'arrange pas les choses.

— Ah, ah ! Alors c'est différent ! Je ne savais pas cela. Dans ce cas-là, une heure de plus de pilori et dix coups de fouet [3]. La justice est rendue !

Quand la cause est grave, la justice devient rapide et efficace : Quasimodo est conduit place de Grève où la sentence est appliquée immédiatement. Une procession bruyante suit le condamné comme on suit la statue d'un saint. Ce genre de divertissement attire toujours la foule qui s'amuse devant le spectacle cruel du sang et des coups.

À l'angle de la place, sur un côté de la maison de la Tour-Roland, s'ouvre une fenêtre protégée par des barreaux. C'est la seule ouverture d'une cellule, noire et humide comme une tombe.

Depuis des siècles, des femmes ayant eu une grande douleur ou voulant expier leurs péchés viennent s'y enfermer volontairement. Les passants généreux laissent des morceaux de pain et de l'eau qui permettent aux recluses [4] de survivre.

À l'époque des faits, la cellule est occupée par Paquette

---

1. **Un carillon** : ensemble de cloches qui sonnent ensemble.
2. **C'est le comble** : il ne manquait plus que cela.
3. **Un fouet** : instrument formé de cordelettes fixées à l'extrémité d'un manche. Il servait à frapper les animaux et les condamnés.
4. **Un reclus** : personne qui vit volontairement enfermée.

Quelle justice pour Quasimodo ?

Chantefleurie, venue jusqu'ici de Reims. C'est une pauvre femme que tout le monde appelle simplement « la recluse de la Tour-Roland ». Elle a perdu sa fille Agnès dans des conditions tragiques : des bohémiens l'ont enlevée quand elle était toute petite. La douleur l'a rendue folle et maintenant elle déteste tous les bohémiens.

Ce 7 janvier 1482, elle se trouve derrière les barreaux de la petite fenêtre donnant sur la Grève. Au pilori, au milieu des cris de la foule, Quasimodo supporte en silence les coups les plus atroces. À la fin, une seule lamentation sort de cette masse informe et sanglante : À boire !

Le peuple est sans pitié, comme la justice. Le bossu a beau implorer, tout le monde rit, personne ne bouge. Mais voilà que la foule s'écarte pour laisser passer quelqu'un.

— Esmeralda ! Esmeralda ! Elle va donner à boire au monstre ! Noël ! Noël !

La recluse est très agitée, elle a suivi toute la scène.

— Maudite bohémienne, tu finiras bientôt à la place de ce misérable ! Pas de pardon pour ces assassins qui ont volé ma fille.

Quasimodo reconnaît la jeune fille : c'est la danseuse qu'il avait tenté d'enlever dans la nuit. Il comprend confusément que c'est pour cela qu'il a été puni et il pense qu'elle vient pour se venger.

Esmeralda, sans dire un mot, approche sa gourde [1] de la bouche du bossu et lui donne à boire. C'est alors qu'il verse une larme... une larme de gratitude qui implore le pardon et exprime toute sa tendresse pour la bohémienne.

---

1. **Une gourde** : récipient qui permet de transporter une petite quantité de liquide.

Compréhension écrite et orale

DELF 1 Lisez attentivement le chapitre, puis cochez la bonne réponse.

1 Après la fête,

   a ☐ la ville est gaie, même si un peu plus sale.

   b ☐ la ville est sale et les prisons sont pleines.

   c ☐ les juges sont plus sévères avec les criminels.

2 Maître Barbedienne

   a ☐ est aidé par les gendarmes parce qu'il est sourd.

   b ☐ est une personne honnête et respectée, malgré sa surdité.

   c ☐ dissimule sa surdité même si tout le monde sait qu'il est sourd.

3 Quasimodo

   a ☐ reconnaît sa responsabilité dans les crimes qui lui sont imputés.

   b ☐ n'entend rien et ne comprend pas ce qu'on veut de lui.

   c ☐ donne des réponses insensées pour faire rire la foule.

4 Le peuple

   a ☐ est cruel : il s'amuse devant les tortures infligées à Quasimodo.

   b ☐ fait confiance aux juges qui savent punir les criminels.

   c ☐ suit le condamné en procession et prie pour lui.

5 La Tour-Roland est

   a ☐ une prison pour les femmes condamnées à mort.

   b ☐ une vieille maison froide et obscure.

   c ☐ une cellule bien aérée dans le sous-sol d'une maison.

6 Le bossu

   a ☐ ne supporte plus les coups et implore pitié.

   b ☐ encaisse les coups sans crier, mais à la fin il demande à boire.

   c ☐ maudit la bohémienne parce qu'il a peur de sa vengeance.

7 Esmeralda

   a ☐ est la seule qui éprouve un peu de pitié pour Quasimodo.

   b ☐ intervient parce que la foule l'appelle.

   c ☐ n'a pas oublié : elle vient pour se venger.

2 Écoutez l'enregistrement, puis choisissez la bonne solution.

Paquette habitait à **a**☐ Reims **b**☐ Paris. Elle était **a**☐ riche et ingénue **b**☐ belle mais pauvre. Son fiancé **a**☐ lui avait promis de l'épouser **b**☐ l'avait abandonnée. Elle avait alors eu plusieurs **a**☐ amants **b**☐ enfants. Elle avait retrouvé le **a**☐ bonheur **b**☐ l'illusion avec la petite Agnès. Malheureusement, des bohémiens de passage avaient **a**☐ torturé **b**☐ enlevé la petite. Paquette était alors partie sur leurs traces mais **a**☐ en vain **b**☐ avait renoncé. Elle s'était **a**☐ cachée **b**☐ enfermée dans cette cellule humide avec sa **a**☐ douleur **b**☐ folie pour seule compagnie. En souvenir de sa fille, il lui restait une **a**☐ vieille **b**☐ minuscule chaussure qu'elle **a**☐ connaissait **b**☐ vénérait comme une relique. Chaque fois qu'Esmeralda était dans les parages, elle se **a**☐ montrait féroce **b**☐ lançait des malédictions.

Enrichissez votre **vocabulaire**

1 Certains adjectifs changent de sens suivant leur place par rapport au nom qu'ils qualifient. Trouvez la signification de chaque expression.

1 une drôle de situation   **a**☐ une situation bizarre, étrange
2 une situation drôle   **b**☐ une situation amusante

3 un pauvre homme   **a**☐ un homme qui a peu d'argent
4 un homme pauvre   **b**☐ un homme malheureux

5 un grand homme   **a**☐ un homme courageux, important
6 un homme grand   **b**☐ un homme de grande taille

7 une sage-femme   **a**☐ une femme qui aide à faire naître les enfants
8 une femme sage   **b**☐ une femme tranquille et réfléchie

9 la dernière semaine   **a**☐ la semaine passée
10 la semaine dernière   **b**☐ la semaine qui conclut le mois, l'année…

2 Autrefois, on appelait *égyptiens* toutes les populations nomades. Aujourd'hui, on les désigne selon leur provenance : bohémiens, tsiganes, romanichels, gitans. Mais d'où viennent ces noms ?

1 .... dérive du latin *Ægyptanus*, désigne les bohémiens d'Espagne.

2 .... dérive du grec *Atsinganos*, désigne un peuple venu de l'Inde.

3 .... vient de *romani*, mot qui désigne la langue des nomades venus de l'Inde.

4 .... dérive du nom de la région de Bohême en République tchèque.

Grammaire

L'accord du participe passé avec l'auxiliaire *avoir*

Pour les verbes conjugués avec l'auxiliaire **avoir**, l'accord du participe passé, en genre et en nombre, se fait seulement si le complément d'objet direct (COD) précède le verbe.

*Des bohémiens ont emporté **Agnès**.* → *Des bohémiens l'ont emportée.*

1 Remplacez le COD par le pronom qui convient, puis accordez le participe passé.

1 La justice a condamné les criminels. ....

2 Le juge a dissimulé ses défauts. ....

3 Quasimodo n'a pas entendu les questions du juge. ....

4 Paquette a suivi les bohémiens jusqu'à Paris. ....

5 Elle n'a pas retrouvé sa fille. ....

6 Quasimodo a supporté les coups sans un cri. ....

7 Esmeralda a donné sa gourde à Quasimodo. ....

La façade
de Notre-Dame
de Paris.

1 La flèche.
2 La rosace (10 mètres de diamètre) : elle forme l'auréole de la statue de la Vierge et l'enfant.
3 La galerie des Rois, ornée des 28 statues des rois de Judas et d'Israël.
4 Le portail du Jugement dernier.
5 Le portail de la Vierge.
6 Le portail de Sainte-Anne.
7 Le « point zéro » indique conventionnellement le point à partir duquel se mesurent les distances entre la capitale et le reste de la France.

Les heures de la cathédrale

Les débuts de Notre-Dame

En France, il existe environ quatre-vingts cathédrales gothiques. Notre-Dame de Paris, qui est sans doute la plus célèbre, se dresse sur l'île de la Cité où, à la fin du XIIIe siècle, on compte plus de vingt églises.

Sa construction, de 1163 à 1345, avance lentement parce que les travaux s'accomplissent en fonction des dons des fidèles et s'interrompent quand il n'y a plus d'argent.

L'édifice mesure 130 mètres de long, 48 mètres de large et 69 mètres de haut.

Le paradis

Au Moyen Âge, la place qui se situe devant Notre-Dame est beaucoup plus petite et entourée de maisons. La façade de la cathédrale est ornée de statues en pierre polychromes posées sur un fond d'or. Elle évoque une sorte de paradis qui constitue une superbe toile de fond pour les représentations sacrées.

Quelques événements importants

Au cours de sa longue vie, Notre-Dame a assisté à de nombreux événements :

– en 1239, Saint Louis y dépose la couronne d'épines ;
– en 1455, le tribunal ecclésiastique y ouvre le procès de réhabilitation de Jeanne d'Arc ;
– en 1572, Marguerite de Valois, catholique, y épouse Henri de Navarre, huguenot [1]. Durant toute la cérémonie, la reine est seule devant l'autel alors que le roi reste devant la porte, refusant d'entrer dans une église catholique. Toutefois ce refus ne durera pas longtemps : quelques années plus tard, quand Paris se soumettra à lui, il assistera à la messe dans la cathédrale et justifiera son geste par cette phrase devenue célèbre : « Paris vaut bien une messe. »

---

1. **Un huguenot** : surnom donné par les catholiques aux protestants calvinistes, en France, du XVIe au XVIIIe siècle.

Notre-Dame de Paris, XIXe siècle.

Les transformations au cours du temps

Notre-Dame subit de nombreuses transformations au cours des siècles. En 1789, au moment de la Révolution, elle est transformée en dépôt de vivres, de vin et de fourrages. Les cloches sont fondues pour faire des canons et les statues des rois de Judas et d'Israël, qui ornent la façade, sont décapitées par les révolutionnaires.

La cathédrale a failli être complètement détruite.

Notre-Dame retrouve ses fastes en décembre 1804 lorsque Napoléon Ier se sacre empereur. Mais sa véritable « renaissance » commence grâce au mouvement romantique et à l'immense succès du roman de Victor Hugo. Les travaux, entrepris à partir de 1840, sont confiés à l'architecte Viollet-le-Duc qui orne la cathédrale d'éléments architecturaux nouveaux comme les gargouilles et les flèches. Il se serait même représenté dans une des statues de la façade !

Du XXᵉ siècle à aujourd'hui

En août 1944, un grandiose *Te Deum* célèbre la libération de Paris. Vingt-six ans plus tard, en novembre 1970, une messe de requiem rend un dernier hommage à la mémoire du général de Gaulle [1].

À la fin du XXᵉ siècle, des travaux de nettoyage effacent toutes les traces laissées par la pollution, les vandales et les pigeons.

La cathédrale rayonne aujourd'hui dans toute sa splendeur pour le bonheur des douze millions de visiteurs qu'elle reçoit chaque année.

Compréhension écrite

DELF ❶ **Lisez attentivement le dossier, dites si les affirmations suivantes sont vraies (V) ou fausses (F), puis corrigez celles qui sont fausses.**

		V	F
1	Notre-Dame est un chef d'œuvre du style roman.	☐	☐
2	Elle a pu être construite grâce aux dons des fidèles.	☐	☐
3	La place devant Notre-Dame évoque une sorte de paradis.	☐	☐
4	Le roi Henri de Navarre était un roi catholique.	☐	☐
5	On a continué de célébrer la messe à Notre-Dame pendant la Révolution française.	☐	☐
6	Elle retrouve sa splendeur dès le début du XIXᵉ siècle.	☐	☐
7	Les gargouilles représentent les statues des rois de France.	☐	☐
8	Les derniers travaux de restauration de la cathédrale remontent à la fin du XXᵉ siècle.	☐	☐

---

1. **Le général de Gaulle** : homme de la résistance pendant la Seconde Guerre mondiale, fondateur et premier président (de 1958 à 1969) de la Vᵉ République française.

CHAPITRE **4**

Des amours et des secrets

Nous sommes fin mars. La façade de la cathédrale resplendit sous les rayons du soleil couchant. En face de Notre-Dame, sur un balcon de pierre, de jolies filles bavardent[1] et rient. À la richesse de leur habillement, à la finesse de leurs traits et à la blancheur de leur peau, on reconnaît de nobles et riches héritières.

Elles sont réunies chez la veuve Aloïse de Gondelaurier et sa fille Fleur-de-Lys. Dans le salon, il y a aussi un jeune homme dans son bel uniforme de capitaine des archers du roi : c'est Phœbus de Châteaupers. La conversation des jeunes filles est animée, elles essaient d'attirer l'attention du beau Phœbus, mais il ne semble pas s'intéresser à ce jeu de séduction. Il s'ennuie tandis

1. **Bavarder** : parler de choses et d'autres.

que madame Aloïse lui vante les qualités de Fleur-de-Lys.

— Regardez-la donc, petit cousin, n'a-t-on jamais rien vu de plus beau et de plus parfait que votre fiancée ? Elle est tellement jolie... vous en êtes éperdument amoureux, n'est-ce pas ?

— Sans doute.

— Mais, dites-lui quelque chose ! Vous devenez bien timide tout à coup.

Phœbus n'est pas timide. C'est plutôt l'idée du mariage qui ne l'enchante pas : il aime la taverne, le vin et les filles faciles. Il lance distraitement quelques phrases banales pendant que le son d'un tambour de basque monte de la place. Fleur-de-Lys essaie de ranimer l'intérêt de son fiancé.

— Beau cousin, vous nous avez parlé d'une bohémienne que vous avez sauvée, il y a deux mois, des mains d'un horrible géant, n'est-ce pas ?

— Je crois que oui, belle cousine.

— Eh bien, c'est peut-être cette bohémienne qui danse sur le parvis. Venez donc voir si vous la reconnaissez !

— Oui, en effet, je reconnais sa chèvre.

— Tenez, nous ne sommes pas les seuls à la regarder. Monsieur l'archidiacre l'observe de la tour de la cathédrale... Lui aussi, il semble charmé par ce spectacle. Cette fille danse merveilleusement bien. Beau cousin, puisque vous la connaissez, faites-lui signe de monter. Cela nous amusera.

Cette proposition suscite la joie des jeunes filles, mais Phœbus reste perplexe devant l'attitude de sa cousine.

— Mais c'est de la folie ! Elle m'a sans doute oublié, et puis je ne sais même pas son nom. Mais puisque vous insistez... Petite ! Petite ! ... Venez, montez chez nous !

Esmeralda lève les yeux vers le balcon et rougit violemment. Elle prend son tambourin sous le bras et se dirige vers la maison, au milieu de la foule étonnée. Peu de temps après, elle se tient immobile sur le seuil de la belle maison, les yeux baissés, sans oser faire un pas de plus. Un silence embarrassé remplit le salon : la bohémienne est d'une beauté si rare que les filles en sont jalouses.

L'accueil est glacial, mais Phœbus rompt le silence :

— Ma parole [1], voilà une charmante créature ! Belle enfant, je ne sais pas si tu me reconnais...

Esmeralda sourit et lève sur lui un regard plein de douceur.

— Oh oui !

— Tu as disparu bien vite, ce soir-là, et tu m'as laissé avec ce gros sonneur de cloches. Je sais qu'il a été bien puni pour son insolence.

— En effet, pauvre homme !

Fleur-de-Lys et ses amies se sentent exclues de cette conversation et elles sont vexées. Alors, ne pouvant critiquer ni la beauté parfaite ni l'attitude irréprochable de la bohémienne, elles font des commentaires méchants sur son habillement.

— Quels habits de sauvage...

— Une jupe vraiment trop courte...

— Si tu mettais des manches sur tes bras, ils seraient moins brûlés par le soleil...

Entre-temps, l'entrée de Djali offre un prétexte à Fleur-de-Lys pour essayer encore une fois de distraire Phœbus :

— Comment ne pas y avoir pensé ? C'est la bohémienne à la chèvre ! On dit qu'elle est sorcière et que sa chèvre fait des tours de magie [2]. Montrez-nous donc ! Tiens, elle a un petit sachet

---

1. **Ma parole** : ici, exclamation qui exprime la surprise, l'étonnement.
2. **Un tour de magie** : exercice d'habilité, jeu surprenant.

Notre-Dame de Paris

pendu au cou. Qu'est-ce que c'est ?

— Ça, c'est mon secret.

Une des jeunes filles attire la chèvre dans un coin et ouvre le sachet. Elle vide le contenu sur le tapis : ce sont de petits morceaux de bois, chacun avec une lettre de l'alphabet inscrite dessus. Immédiatement, la chèvre sélectionne quelques lettres et, à la grande surprise de tous, fait apparaître le nom de Phœbus !

Fleur-de-Lys se met à pleurer, Esmeralda est pétrifiée. Madame Aloïse lui crie de s'en aller. Phœbus hésite un instant, puis il suit la bohémienne.

Depuis la matinée du pilori, Quasimodo semblait avoir perdu tout intérêt pour les cloches, et ce silence rendait la cathédrale plus austère et plus triste que jamais. En ce jour de mars pourtant, l'air est si pur et si léger que Quasimodo sent renaître sa verve musicale et recommence à parler avec ses cloches :

— Gabrielle, Thibauld, Guillaume, Pasquier, Jacqueline, et toi, la grosse Marie, c'est la rouille [1] qui vous mange ? Faites donc entendre vos voix. Allez !

Pendant qu'il court d'une cloche à l'autre et d'une corde à l'autre, il aperçoit sur la place Esmeralda qui déroule son tapis. Alors, il oublie ses cloches et se met à regarder la jeune fille d'un air rêveur, tendre et doux.

Au même moment, du haut de Notre-Dame, l'archidiacre ne quitte pas des yeux la belle danseuse et il remarque avec étonnement qu'un homme se tient à quelques pas d'elle.

— Qui est donc cet homme ? Je l'avais toujours vue seule.

Il descend précipitamment mais la bohémienne a déjà disparu.

1. **La rouille** : résultat de la corrosion du fer.

Des amours et des secrets

L'homme qui était avec elle a pris sa place et fait des tours de saltimbanque. L'archidiacre reconnaît aussitôt cet homme et lui demande :

— Notre-Dame ! Que faîtes-vous là, Gringoire ? Drôle de métier pour un poète !

— Que voulez-vous, il faut bien vivre ... et la poésie remplit moins l'estomac qu'un fromage.

— Et vous êtes maintenant en compagnie de cette danseuse d'Égypte ?

— Ma foi, c'est qu'elle est ma femme !

— Quoi ? Oh, misérable ! Auriez-vous mis la main sur cette fille ?

— Sur ma part du paradis, je vous jure que je ne l'ai jamais touchée ! C'est une histoire étrange, puisque ma femme est une enfant perdue. Elle porte une amulette qui devrait l'aider à retrouver ses parents. Mais si cette jeune fille perd sa vertu, l'amulette aussi perdra son pouvoir.

L'archidiacre pose une quantité de questions mais Gringoire parle davantage de la chèvre que de la fille :

— Figurez-vous que Djali sait écrire, elle compose le mot Phœbus en choisissant elle-même les lettres ! Elle a appris ça en deux mois.

— Phœbus, qui est-ce ?

— Ce n'est peut-être pas le nom de quelqu'un. En latin, c'est le dieu du soleil. Vous savez, ces bohémiens ont des croyances singulières. Mais pourquoi tant d'intérêt ?

L'archidiacre est un peu embarrassé par cette question, mais il se reprend vite :

— Ces égyptiennes sont la main de Satan. Si vous voulez vous sauver, vous ne devez pas la toucher. Les bohémiens sont les disciples du diable !

Compréhension écrite et orale

DELF **1** Lisez attentivement le chapitre, puis complétez les grilles.

	Phœbus	Gringoire	Quasimodo	Claude Frollo
Lieu de l'action				
Sentiment(s) éprouvé(s)				
Manière de le(s) manifester				

	Aloïse	Fleur-de-Lys	Les autres jeunes filles	Esmeralda
Rôle joué dans l'histoire				
Lieu de l'action				
Sentiment(s) éprouvé(s)				
Manière de le(s) manifester				

Grammaire

L'impératif et les pronoms personnels compléments

- Lorsque le verbe est à l'impératif affirmatif, les pronoms personnels compléments d'objet direct ou indirect se placent après le verbe. Le trait d'union est obligatoire entre le verbe et le complément.

  *Regarde-**nous** !   Parle-**moi** !*   *Dépêche-**toi** !**

- Lorsque le verbe est à l'impératif négatif, les pronoms personnels compléments d'objet direct ou indirect se placent avant le verbe.

  *Ne **nous** regarde pas !   Ne **me** parle pas !   Ne **te** dépêche pas !*

* À l'impératif affirmatif, les pronoms compléments *me* et *te* deviennent *moi* et *toi*.

1 **Mettez les phrases suivantes à l'impératif affirmatif, puis négatif.**

1   Tu l'achètes.

.... → ....

2   Vous me parlez.

.... → ....

3   Nous les invitons.

.... → ....

4   Nous le prenons.

.... → ....

5   Tu lui souris.

.... → ....

6   Tu leur dis.

.... → ....

7   Vous le montrez.

.... → ....

8   Vous nous suivez.

.... → ....

Enrichissez votre **vocabulaire**

1 Retrouvez dans le texte les mots correspondant à chaque définition.

1 Petit objet porte-bonheur que l'on porte toujours sur soi :
....

2 Femme qui a perdu son mari : ....

3 Personne qui fait des acrobaties et des tours d'adresse en public :
....

4 Ce que fait un prestidigitateur : ....

5 Soldat qui lance des flèches avec un arc : ....

6 Superstition ou conviction : ....

2 Complétez les phrases suivantes.

1 Phœbus a appelé Esmeralda du balcon. Elle arrête de danser et disparaît. La foule est ....

2 Esmeralda est beaucoup plus belle que les filles ne le pensaient. Elles sont ....

3 Fleur-de-Lys pleure, sa mère crie, Esmeralda est ....

4 Les filles font des commentaires sur l'habillement d'Esmeralda. Elles veulent la blesser, elles sont ....

5 L'archidiacre pose beaucoup de questions à Gringoire. Il est ....

6 Quand il doit justifier son intérêt pour Esmeralda, l'archidiacre est ....

Production écrite et orale

DELF **1** Avez-vous un animal domestique ? Si oui, est-il dressé comme Djali ? Si non, aimeriez-vous en avoir un ?

Gargouille de la cathédrale.

Quasimodo et Frollo

Qui est Frollo ?

Claude Frollo, descendant d'une famille de la petite noblesse, est un homme triste et solitaire qui n'a connu ni la tendresse ni l'amour. Dans sa jeunesse, il a étudié avec détermination et a acquis un immense savoir. Ses parents, emportés par la grande peste de 1466, lui ont laissé des terres et de l'argent, mais aussi un petit frère, Jehan, élevé par une nourrice. Cet enfant est devenu sa raison de vivre et il voudrait pour lui une existence plus heureuse que la sienne.

Comment a-t-il rencontré Quasimodo ?

Seize ans avant le début de l'histoire, le dimanche de la Quasimodo [1], une petite foule se bousculait devant Notre-Dame, à l'endroit où l'on exposait à la charité publique les enfants trouvés. Les gens lançaient des cris d'horreur devant un petit être monstrueux, bossu et défiguré, qui ne pouvait être que l'œuvre du diable.

Frollo était à l'époque un jeune prêtre et ce jour-là, il était allé rendre visite à son frère Jehan. En passant devant la cathédrale, il avait entendu les cris d'horreur des gens. Il avait alors voulu protéger l'enfant par un geste courageux : il avait décidé de l'adopter et de l'appeler Quasimodo, comme la fête religieuse qui se célébrait ce jour-là. Le peuple était consterné : si le prêtre acceptait cette créature du diable, c'est que lui aussi avait quelque chose de diabolique ! D'ailleurs, à cause de son grand savoir, Frollo passait déjà pour un sorcier.

Que sont-ils devenus ?

Au moment où l'histoire se déroule, en 1482, Frollo a trente-six ans, Quasimodo vingt. Ce dernier est sonneur de cloches à Notre-Dame. La cathédrale est tout son monde et, dans cet isolement, il est devenu sauvage et méchant. Avec une patience infinie, Frollo lui a appris à s'exprimer, mais c'est surtout le son des cloches qui parle pour lui, une voix terrible qui fait trembler tout l'édifice et qui l'a rendu sourd. Il communique avec les cloches et les caresse, comme il le fait avec les statues et les gargouilles. Frollo est le seul être qu'il aime. Il lui est

---

1. **Quasimodo** : une des prières du premier dimanche après Pâques qui commence par les mots « Quasi modo geniti infantes » c'est-à-dire : « de la même manière que les nouveau-nés ». Ce jour s'appelle donc le dimanche de la Quasimodo.

soumis, fidèle et obéissant au point de tenter d'enlever pour lui la belle Esméralda.

Avec le temps, l'archidiacre est devenu intransigeant et désagréable. Il méprise les hommes et déteste les femmes. Son frère, Jehan, s'est transformé en un jeune indiscipliné qui perd son temps et son argent dans les tavernes. Frollo se réfugie alors dans la science : le soir, il se retire dans une cellule cachée sous les toits de la cathédrale et il essaie de transformer le plomb en or grâce à la pierre philosophale, selon les lois de l'alchimie [1].

Compréhension écrite

1 Lisez attentivement le dossier, puis faites le portrait des deux personnages.

	Quasimodo	Frollo
Son âge au moment où se déroule l'histoire		
Son origine/sa couche sociale		
Son activité principale		
Son aspect physique		
Les traits dominants de son caractère		
Il considère l'autre comme…		
Les personnes qu'il aime		
Ce qu'il aime		
Ce qu'il déteste		
Ce que les gens pensent de lui		

1. **L'alchimie** : au Moyen Âge, science occulte qui a pour but de trouver la formule permettant de transformer les métaux en or.

CHAPITRE **5**

Un rendez-vous tragique

Un matin, alors qu'il s'habille pour sortir, Jehan, petit frère de  Claude Frollo, s'étonne de trouver sa bourse [1] un peu trop légère : le jeu, la bière et les femmes l'ont complètement vidée. Il décide donc d'aller voir son frère l'archidiacre : il devra écouter un long sermon [2], comme d'habitude, mais il sait qu'à la fin il obtiendra son argent. Cependant Claude Frollo n'est pas dans l'église ; Jehan pense alors qu'il est peut-être dans cette fameuse cellule sous les toits de la cathédrale, où l'on dit qu'il se réfugie souvent pour ses pratiques mystérieuses. Il décide de s'y rendre.

La porte de la cachette [3] est ouverte, il suffit de la pousser

1. **Une bourse :**
2. **Un sermon :** discours moralisateur, long et ennuyeux.
3. **Une cachette :** endroit secret où l'on peut se cacher.

Un rendez-vous tragique

pour pénétrer dans une petite pièce sinistre encombrée de récipients et d'objets insolites. L'archidiacre, se croyant seul, prononce à voix haute ses réflexions profondes :

— Le feu est le principe de la vie. Le soleil naît du feu, la lune du soleil. La lumière et l'or ne sont que le feu à l'état concret, mais comment retrouver la loi qui les génère ? Un savant affirme que certains noms de femme ont un charme si doux qu'il suffit de les prononcer pendant l'opération... Oui, en effet Sophia, Maria, Esmeral... Damnation ! Toujours cette pensée !

Il ferme son livre avec violence. Il prend sur la table un clou et un petit marteau, et commence à frapper.

— Depuis quelque temps toutes mes expériences échouent [1] ! Il suffit d'une seule misérable pensée pour rendre un homme faible et fou. J'ai dans ma main le marteau magique et je prononce la formule *Emen-hétan*... Non, ce n'est pas cela... *Sigéani* ! Que ce clou ouvre la tombe à celui qui porte le nom de Phœbus ! Malédiction ! Toujours, éternellement la même idée.

Il jette le marteau avec colère et se met à entailler dans la pierre les mots *fatalité* et *impureté*, puis il se laisse tomber dans son fauteuil, épuisé [2] et vaincu.

Jehan recule de quelques pas et fait du bruit derrière la porte pour annoncer sa présence. Claude l'entend et lui dit d'entrer, mais il est surpris de voir son jeune frère au lieu de la personne qu'il attendait, maître Charmolue, le procureur du roi.

— Que venez-vous faire ici ?

— Je viens vous demander mon sermon habituel, j'en ai grand besoin, et un peu d'argent, puisque j'en ai plus besoin encore.

---

1. **Échouer** : ne pas réussir.
2. **Épuisé** : qui n'a plus de force.

Notre-Dame de Paris

— Je suis très mécontent, tous les jours on m'apporte des doléances [1] sur votre compte. Vous dilapidez votre fortune dans les tavernes. Allez-vous-en, vous n'aurez plus un sou de moi, misérable impur !

— Je vous promets que dorénavant je serai un étudiant modèle.

Un bruit derrière la porte interrompt la conversation.

— Voilà une personne importante qui vient me voir. Cachez-vous, ne bougez pas, et surtout ne révélez pas un mot de ce que vous entendrez.

— Si vous voulez mon silence, ça va vous coûter cher.

— Prenez donc cette bourse, cachez-vous sous la table et ne bougez plus !

Maître Charmolue entre. La conversation porte sur le secret qu'un magicien aurait dû révéler au juge, mais il y a aussi un autre sujet à traiter :

— À propos, quand voulez-vous que je fasse arrêter la petite magicienne aux beaux yeux noirs ? Sa chèvre a des cornes du diable, elle lit, elle écrit, elle sait compter, cela suffirait à les faire pendre toutes les deux. Le procès est déjà prêt.

L'archidiacre pâlit et articule avec difficulté :

— Je vous dirai cela. Sortons, maintenant.

Les deux hommes partis, Jehan vérifie avec satisfaction le contenu de la bourse, puis se précipite dans la rue. Son frère et Charmolue sont encore tout près lorsqu'on entend quelqu'un crier une série de jurons [2]. Jehan reconnaît son compagnon.

— Capitaine Phœbus de Châteaupers ! Calmez-vous et venez

---

1. **Une doléance** : réclamation, plainte.
2. **Un juron** : terme grossier, insulte, outrage à la religion.

Un rendez-vous tragique

boire avec moi !

— Je veux bien, mon ami, mais je n'ai pas d'argent. Ah, mais je vois que vous, vous avez de quoi vous amuser en compagnie. Qui avez-vous dévalisé cette nuit pour avoir une bourse aussi bien remplie ?

— C'est que j'ai un frère archidiacre et imbécile. Ah, ah ! Allons nous amuser, c'est lui qui paie !

Au son du nom de Phœbus, ce nom maudit, le prêtre congédie rapidement maître Charmolue et se met à suivre discrètement les deux jeunes gens. Au détour d'une rue, le son d'un tambourin interrompt brusquement la conversation.

— Corne du diable, la bohémienne ! Il ne faut pas qu'elle me parle dans la rue.

— Quelle bohémienne, Phœbus ? Esmeralda ? Vous la connaissez ?

Phœbus dit quelque chose à l'oreille de son ami, il éclate de rire et prend un air triomphant.

— J'ai rendez-vous ce soir avec elle à sept heures, et je suis sûr qu'elle viendra. J'ai prévenu la vieille Falourdel que je prends une chambre dans sa maison sordide [1] du pont Saint-Michel.

Le visage caché sous le capuchon de son manteau noir, l'archidiacre entend toute la conversation. Il doit s'appuyer au mur pour ne pas tomber. Dans sa tête, un projet sinistre commence à prendre forme. Il attend donc patiemment à la sortie de la taverne.

Un peu avant sept heures, dans la rue déserte, Phœbus se met en chemin. Il s'aperçoit assez rapidement qu'une ombre le suit. Il n'a pas d'argent et il n'a pas peur des voleurs. Il s'arrête. L'ombre s'arrête aussi, près de lui, immobile comme une statue. Il lui vient alors à l'esprit l'histoire d'un moine bourru [2] qui terrorise le peuple.

---

1. **Sordide** : sale, repoussant.
2. **Un moine bourru** : fantôme effrayant vêtu de bourre comme un moine.

Notre-Dame de Paris

— Monsieur, si vous êtes un voleur, comme je l'espère, adressez-vous à côté ! Je suis complètement fauché [1] !

La main de l'ombre s'abat sur le bras du capitaine.

— Capitaine Phœbus de Châteaupers...

— Comment diable ! Vous savez mon nom ? !

— Je sais beaucoup plus que votre nom. Vous avez un rendez-vous dans un quart d'heure, chez la Falourdel. Comment s'appelle la femme que vous attendez ?

— Esmeralda.

— Capitaine Phœbus de Châteaupers, tu mens !

— Par tous les satans. Ça alors ! C'est une injure digne de l'épée. Le sang va couler !

— Capitaine ! Vous oubliez votre rendez-vous. Demain, après-demain, dans un mois, je suis prêt à vous couper la gorge. Mais allez d'abord à votre rendez-vous.

— Grand merci pour votre courtoisie. ... Ah, corne de Satan, j'oubliais un petit détail... je n'ai pas un sou pour payer la Falourdel et elle voudra être payée d'avance.

— Voici, prenez cet argent, mais à une condition : prouvez-moi que vous ne mentez pas ! Laissez-moi voir qui est vraiment cette femme.

— Oh, cela m'est bien égal. Vous êtes peut-être le diable en personne, mais soyons bons amis ce soir. Demain je vous paierai tout ce que je vous dois, de la bourse et de l'épée.

Chez la Falourdel, Phœbus paie la chambre avec l'écu [2] de l'archidiacre. La vieille femme range précieusement la pièce dans un tiroir et monte avec les hommes. C'est alors que son fils,

---

1. **Fauché** : qui n'a pas d'argent.
2. **Un écu** : ancienne monnaie.

Un rendez-vous tragique

profitant de l'absence de la vieille, prend l'écu et laisse à sa place une feuille d'arbre sèche.

L'archidiacre s'installe dans une cachette d'où il peut voir tout ce qui se passe dans la chambre d'à côté. Au bout de quelques minutes, Esmeralda arrive. Claude Frollo, l'archidiacre à l'âme austère, tremble, son cœur bat si fort qu'il finit par s'évanouir. Quand il revient à lui, il entend Esmeralda dire des mots d'amour à Phœbus. Toute rouge, elle n'ose pas lever les yeux.

— Je sens que ce que je fais est mal, ne me méprisez pas, monseigneur Phœbus. Je manque à une promesse et je ne retrouverai plus mes parents, mais qu'importe à présent ? Je vous aime, vous êtes toute ma vie. J'apprendrai votre religion, ainsi nous pourrons nous marier.

— Nous marier ? Écoutez, ma chère Similar... Esmenar... oh, enfin ! Je ne comprends rien à votre discours. Je vous aime aussi, mais quel besoin de nous marier ? Vous serez à moi pour la vie... Laissez-moi vous adorer, vous toucher...

Phœbus veut la déshabiller. C'est à ce moment-là que l'archidiacre défonce [1] la porte et se précipite avec furie sur les deux amants. Esmeralda voit apparaître une figure livide au regard de damné. Une main serre un poignard qui s'abat sur le jeune homme. La pauvre fille, pétrifiée par cette scène, n'a même pas la force de pousser un cri. Elle tombe évanouie à côté du capitaine et sent comme un baiser brûlant se poser sur ses lèvres.

Elle se réveille quelques minutes plus tard entourée de gendarmes. Phœbus a disparu. Il ne reste de lui qu'une large tache de sang par terre.

— C'est une sorcière. Elle a poignardé un capitaine. Arrêtons-la !

1. **Défoncer** : abattre avec violence.

Compréhension écrite et orale

1 Lisez attentivement le chapitre, puis remettez les phrases dans l'ordre chronologique.

a ☐ À la sortie de la taverne, Frollo se met à suivre Phœbus et réussit à l'accompagner chez la Falourdel.

b ☐ Esmeralda accepte de rencontrer Phœbus parce qu'elle est amoureuse de lui.

c ☐ Jehan se cache mais il se fait payer son silence.

d ☐ Jehan se rend à Notre-Dame où il surprend son frère plongé dans sa magie.

e ☐ La rencontre se transforme en tragédie : Frollo poignarde Phœbus, mais c'est Esmeralda qui est accusée du crime.

f ☐ Maître Charmolue rend visite à Frollo. Ses mots confirment l'intérêt de Frollo pour Esmeralda.

g ☐ Phœbus a réservé une chambre dans une maison sordide.

h ☐ Phœbus a rendez-vous avec Esmeralda, mais son intérêt pour la jeune fille est très superficiel.

2 Écoutez et complétez.

La mère Falourdel

1 Elle vient ouvrir avec ....

2 Son visage est ....

3 Sa bouche est ....

4 Ses vêtements sont ....

5 Ses cheveux sont ....

6 Elle ouvre le tiroir pour ....

7 Elle fait signe aux deux hommes de ....

8 Elle ne voit pas l'enfant qui ....

La maison du pont Saint-Michel

1 La maison ressemble ....

2 Les murs et les plafonds sont ....

3 Partout, il règne ....

4 Au fond de la pièce, il y a ....

5 La rencontre se fera ....

6 Frollo s'installe dans ....

Enrichissez votre **vocabulaire**

1 Trouvez les mots correspondant à chaque définition. La première lettre de chaque mot formera l'expression qui désigne Jehan.

1 Selon Claude Frollo, elle naît du soleil : la _ _ _ _

2 Adjectif qui désigne l'âme de l'archidiacre : _ _ _ _ _ _ _ _

3 Celle que Claude Frollo donne à Jehan est remplie de pièces : une
_ _ _ _ _ _

4 Esmeralda veut apprendre celle de Phœbus : la _ _ _ _ _ _ _ _

5 Nom de la pièce que la Falourdel reçoit de Phœbus : un _ _ _

6 Jehan en fait pour annoncer sa présence : du _ _ _ _ _

7 Esmeralda n'est pas coupable du crime dont on l'accuse. Elle est :
_ _ _ _ _ _ _ _ _

8 Il coule dans un duel à l'épée : le _ _ _ _

9 Ils entourent Esmeralda à son réveil : les _ _ _ _ _ _ _ _ _

10 Titre ecclésiastique attribué à Claude Frollo : un
_ _ _ _ _ _ _ _ _ _

11 Adjectif qui désigne visage très pâle, bleuâtre : _ _ _ _ _ _

12 La pierre dont Esmeralda porte le nom : une _ _ _ _ _ _ _ _

13 Nombre de feuilles sèches que l'enfant met à la place de l'écu :
_ _ _

14 Jehan sait qu'il devra écouter celui de son frère : un _ _ _ _ _ _

15 Depuis quelque temps, Claude Frollo n'en réussit plus aucune :
une _ _ _ _ _ _ _ _ _ _

Jehan est _ _   _ _ _ _ _ _   _ _ _ _ _ _ _ de sa famille.

2 **Cochez la bonne réponse.**

1 L'alchimie est une
a ☐ religion.
b ☐ science occulte.
c ☐ théorie philosophique.

2 Elle mélange
a ☐ des théories chimiques secrètes et la recherche mystique.
b ☐ les cultes païens et la magie.
c ☐ les croyances religieuses et le bon sens.

3 Son objectif est de transformer
a ☐ en or tout ce que l'on touche en prononçant une formule
spéciale.
b ☐ les métaux en or grâce à la pierre philosophale, une
substance fabuleuse et inconnue.
c ☐ en diamants les pierres les plus insignifiantes par simple
contact de la main.

4 On utilise pour cela
a ☐ des récipients magiques résistant à la chaleur.
b ☐ des formules que les magiciens ne révèlent pas facilement.
c ☐ un marteau et un clou aux pouvoirs magiques.

5 Les alchimistes les plus célèbres étaient des
a ☐ charlatans.
b ☐ médecins et savants.
c ☐ religieux.

6 Parmi ces trois personnages, lequel n'a pas été magicien ?
a ☐ Nostradamus.
b ☐ Paracelse.
c ☐ Gutenberg.

1 Pont-Neuf
2 Pont-au-Change
3 Pont Saint-Michel
4 Petit Pont

Les ponts de Paris

Autrefois, les ponts représentaient des points stratégiques permettant d'accéder à la ville. De ce fait, ils étaient souvent protégés par des forteresses et il fallait payer un droit de passage pour les traverser, à pied comme à cheval. Cet usage ne disparaîtra qu'au XIXe siècle.

Dans son roman, Victor Hugo consacre tout un chapitre au Paris du Moyen Âge (*Paris à vol d'oiseau*) qui se composait de trois parties : la Cité (sur l'île), qui était la partie la plus ancienne, et le royaume des églises, la Ville (sur la Rive droite) qui était la zone des palais et des

Le Pont-au-Change.

marchands, et l'Université (sur la Rive gauche) qui était la zone des études et de la Sorbonne. Les ponts qui reliaient la Cité au reste de la ville étaient tous bordés de maisons et de boutiques selon un usage architectural qui disparaîtra totalement sous la Révolution. Sur la Seine, on comptait à l'époque cinq îles.

Le *Pont-au-Change* a été le premier pont de Paris, construit au IXe siècle par Charles le Chauve. Les étrangers qui arrivaient en ville devaient y changer leurs devises avant d'entrer dans la Cité. C'était un pont très animé : les magasins et les maisons étaient si serrées qu'on le traversait sans voir la Seine.

Le *Petit Pont* est appelé ainsi car il mesure seulement quarante mètres de long : c'est le pont le plus court de Paris. Au début, ce n'était qu'une simple passerelle en bois. Les jongleurs étaient les seuls qui pouvaient le traverser sans payer de taxe, mais ils devaient montrer l'adresse de leurs animaux : on disait qu'ils payaient en « monnaie de singe ».

Le *Pont Saint-Michel*, dans sa première version, a été construit à la fin du XIVe siècle. C'est sur ce pont que Phœbus et Esmeralda se rencontrent, chez la mère Falourdel.

Le *Pont-Neuf*, malgré son nom, est aujourd'hui le plus vieux pont de

Le Pont-Neuf.

Paris. Construit à la fin du XVIe siècle, il se situe à l'extrémité de la Cité. C'est le premier pont à ne pas avoir été bordé de maisons, mais de trottoirs, offrant ainsi une belle perspective sur la Seine. Les boutiques en plein air attiraient une foule de curieux et de personnages pittoresques.

À l'exception du Pont-Neuf, la plupart des trente-deux ponts qui chevauchent aujourd'hui la Seine ont été construits ou reconstruits entre le XIXe et le XXe siècle.

Compréhension écrite

DELF ❶ Lisez attentivement le dossier, puis répondez aux questions.

1 Quelle était la fonction des ponts ? Quelles conséquences en dérivaient ?

2 Comment se présentaient les ponts au Moyen Âge et jusqu'à quand ont-ils conservé cette caractéristique ?

3 Le *Pont-Neuf* est-il le pont le plus récent de Paris ?

4 Comment se présentait la ville au Moyen Âge ?

CHAPITRE **6**

Trois façons d'aimer

Depuis un mois, la cour des Miracles est inquiète. Personne n'a de nouvelles d'Esmeralda ni de sa chèvre Djali et toute recherche s'est révélée inutile.

Un jour, Gringoire voit une multitude de personnes réunies devant le Palais de Justice. On juge une femme accusée de sorcellerie. Le tribunal écoute une déposition importante : c'est la Falourdel qui raconte ce qui est arrivé le soir où le capitaine a été poignardé.

— Messeigneurs, c'est le moine bourru qui s'est introduit chez moi. Il était avec un si beau cavalier, et puis une fille qui semblait une poupée. Mais il y avait un bouc [1] avec elle. Je n'aime pas ces bêtes, ça sent la sorcellerie. Voilà comment ça

1. **Le bouc** : mâle de la chèvre.

Trois façons d'aimer

s'est passé : je les laisse dans la chambre d'en haut, je redescends filer à côté de ma fenêtre. Tout à coup, j'entends un cri et puis le bruit de quelque chose de lourd qui tombe par terre. Ensuite, vous ne le croirez pas, messeigneurs, la fenêtre s'est ouverte et le moine bourru s'est lancé dans la Seine. Je l'ai vu nager vers la Cité. Mais attendez, le pire c'est que le lendemain quand j'ai voulu reprendre l'écu, j'ai trouvé à sa place une feuille sèche.

Un murmure d'horreur circule dans l'auditoire.

— Femme Falourdel, avez-vous apporté cette feuille que vous avez trouvée à la place de l'écu que le démon vous avait donné ?

La feuille est retenue comme preuve de sorcellerie. Au Moyen Âge, il n'en fallait pas plus pour condamner quelqu'un !

L'accusée se lève, pâle, souffrante, les cheveux en désordre. Elle ne dit que quelques mots :

— Oh, mon Phœbus, dites-moi s'il vit encore !

Gringoire, effrayé, reconnaît Esmeralda juste au moment où le juge procède à l'interrogatoire de l'autre accusée, Djali ! Eh oui, à cette époque, les tribunaux pouvaient juger aussi des animaux !

Maître Charmolue prend le tambourin de la bohémienne. Gringoire a des sueurs froides : il sait ce que la chèvre est capable de faire si on l'interroge d'une certaine manière. Le juge demande l'heure, le jour et le mois de l'année. La chèvre répond en frappant des coups sur le tambourin, et finit par « écrire » le nom de Phœbus. Cela ne fait plus aucun doute : Djali est une sorcière, comme sa maîtresse.

— Fille, vous êtes de race bohème et vous jetez des maléfices. À l'aide de votre chèvre, dans la nuit du 29 mars dernier, vous avez poignardé le capitaine des archers du roi, Phœbus de Châteaupers. Persistez-vous à nier l'évidence ?

Notre-Dame de Paris

— Si je le nie ! C'est un prêtre qui l'a frappé [1], un prêtre que je ne connais pas, un homme infernal qui me persécute. Ô messeigneurs, ayez pitié, je ne suis qu'une pauvre fille.

— Une fille d'Égypte ! Et puisque vous vous obstinez à nier, je demande l'application de la question [2].

Esmeralda est conduite dans un souterrain humide où les instruments de torture les plus atroces sont en train de chauffer sur des charbons ardents. Elle tente de résister et de proclamer son innocence, mais la douleur est plus forte que sa volonté.

— Vous avouez votre participation aux maléfices de l'enfer ? Vous reconnaissez avoir fait commerce avec le diable matérialisé sous la forme de la chèvre accusée ?

— J'avoue tout.

— Vous reconnaissez aussi avoir assassiné le capitaine Phœbus de Châteaupers, à l'aide du fantôme qu'on appelle le moine bourru ?

Esmeralda ne nie plus rien. Maître Charmolue la ramène au Palais de Justice où le président du tribunal lit l'impitoyable sentence :

— La justice triomphe, enfin. Fille bohème, le jour où il plaira à Dieu, à l'heure de midi, vous demanderez pardon devant Notre-Dame et ensuite vous serez pendue et étranglée en place de Grève.

En attendant ce jour, Esmeralda est enfermée dans un cachot, un lieu noir et humide. Un homme, maigre et sinistre comme un spectre, une lanterne à la main, va lui rendre visite.

— Je suis un prêtre, je viens vous sauver.

---

1. **Frappé** : ici, poignardé.
2. **Une question** : ici, torture.

Notre-Dame de Paris

— Je voudrais sortir d'ici, monsieur. J'ai froid, j'ai peur et il y a des bêtes qui me montent le long du corps.

— Eh bien, suivez-moi.

Lorsque le prêtre enlève son capuchon, Esmeralda pousse un cri terrifiant : elle a reconnu le démon qui la poursuit.

— Je te fais donc horreur ? Je t'aime, tu m'entends ? J'étais heureux avant de te rencontrer : mes études et l'église, c'était toute ma vie. Puis tu as dansé devant la cathédrale. Je t'ai vue, j'ai été envoûté [1] par tes charmes et maintenant plus rien ne compte, je suis prêt à tout pour toi.

— C'est Phœbus que j'aime.

— Ne prononce pas ce nom ! Il est mort, tu n'as plus que moi pour te sauver.

— Je ne veux pas vivre, puisqu'il est mort. Va-t'en, monstre, assassin !

Tôt le lendemain, la place de Grève est animée par les préparatifs de l'exécution. En passant devant la Tour-Roland, l'archidiacre entend le rire sinistre de la recluse et il s'approche de sa cellule.

— On dit que c'est une égyptienne qui sera pendue aujourd'hui.

— On dirait que vous haïssez [2] les égyptiennes ?

— Oh oui ! Ces voleuses d'enfants ont dévoré ma fille. Il y en a une surtout… Elle a l'âge que ma fille aurait. Quand elle passe devant ma cellule, elle me glace le sang !

— Eh bien, vous pouvez être contente puisque c'est elle qui sera pendue aujourd'hui.

---

1. **Envoûté** : ici, fasciné.
2. **Haïr** : détester profondément.

Trois façons d'aimer

La justice a trouvé un coupable, elle a des témoins et aussi la preuve irréfutable du crime : la feuille sèche. Personne ne s'est inquiété du sort de la victime. Dommage, parce qu'en réalité Phœbus n'est pas mort. Sa blessure s'est cicatrisée et il a rejoint ses archers. Deux mois après la nuit fatale, croyant que l'affaire est oubliée, il revient frapper à la porte de Fleur-de-Lys.

— Deux mois sans donner de vos nouvelles ! Vous êtes bien méchant.

— C'est que... le service... le roi... et puis j'ai été malade.

— Malade ?

— Oui, blessé.

— Oh, Jésus ! Et pourquoi ? Je veux tout savoir.

Le capitaine est un menteur habile et, profitant des bruits qui montent de la place, il change rapidement de sujet de conversation : la foule attend l'exécution d'une sorcière. Fleur-de-Lys va au balcon et tressaillit de surprise : la condamnée a une grosse corde autour du cou et son amulette brille au soleil. Une chèvre bêle désespérément à ses pieds. Tout à coup, elle se souvient d'avoir vaguement entendu parler d'un capitaine impliqué dans cette affaire de la danseuse. Phœbus est effrayé.

— Jésus ! Regardez capitaine, c'est cette vilaine bohémienne à la chèvre.

— Quelle bohémienne ? Je ne sais pas ce que vous voulez dire.

— On dirait que cette femme vous a troublé [1].

— Moi ? Pas du tout !

— Alors, restez et regardons jusqu'à la fin !

Le portail de la cathédrale s'ouvre sur un cortège de prêtres qui avancent en chantant d'une voix lugubre. Esmeralda voit un de ces

---

1. **Troublé** : impressionné, ému.

hommes se détacher de la procession funèbre et venir vers elle.

— Va-t'en, démon, ou je te dénonce.

— Personne ne te croira, mais moi, je peux encore te sauver !

— Qu'as-tu fait de mon Phœbus ?

— Il est mort.

En prononçant ces mots, Frollo lève le regard vers le balcon et reconnaît le capitaine. Il n'en croit pas ses yeux ! Il murmure une malédiction puis se retourne violemment vers la bohémienne.

— Eh bien, meurs alors ! Personne ne t'aura.

À son tour, Esmeralda lève les yeux dans la même direction et pousse un cri de joie en voyant Phœbus.

Sur le balcon, Fleur-de-Lys semble très irritée ; le capitaine l'attire précipitamment à l'intérieur du salon.

Au-dessus du portail de Notre-Dame, dans la galerie des statues des rois, Quasimodo se tient debout, impassible comme un monstre de pierre. Il a tout vu, tout compris. Personne ne fait attention à lui, ni à la grosse corde à nœuds qu'il attache à une des colonnettes de la galerie. Lorsque maître Charmolue donne l'ordre d'emporter la condamnée, Quasimodo saisit la corde pour glisser le long de la façade, puis il se met à courir vers l'égyptienne, la soulève d'une main comme un enfant sa poupée et s'élance dans l'église en criant :

— Asile !

Sous le portail, le géant serre délicatement dans ses bras son précieux trésor, puis il monte à la galerie des rois et la traverse en courant comme un fou, Esmeralda toujours dans ses bras. Enfin il réapparaît au sommet de la tour et crie encore :

— Asile !

L'église est un refuge inviolable pour Esmeralda comme pour tous les condamnés.

Compréhension écrite et orale

DELF **1** Lisez attentivement le chapitre, puis dites si les affirmations suivantes sont vraies (V) ou fausses (F).

		V	F
1	À la cour des Miracles, on a vite oublié Esmeralda.	☐	☐
2	Selon la Falourdel, la feuille sèche prouve que la fille est une sorcière.	☐	☐
3	Le moine bourru a disparu en se jetant par la fenêtre.	☐	☐
4	Djali ne peut pas être accusée : c'est un animal !	☐	☐
5	Gringoire intervient pour défendre la chèvre.	☐	☐
6	Esmeralda ne dit rien pour se défendre.	☐	☐
7	Comme la plupart des condamnés, elle cède sous l'effet de la torture.	☐	☐
8	Frollo veut sauver Esmeralda, mais ce n'est pas par générosité.	☐	☐
9	Phœbus est content de revoir la bohémienne.	☐	☐
10	Quasimodo sait que la cathédrale est un refuge inviolable.	☐	☐

2 Associez chaque personnage au motif de son hostilité envers Esméralda.

a Fleur-de-Lys   b Phœbus   c maître Charmolue
d la recluse   e la Falourdel

1 ☐ Il/elle déteste tous les égyptiens car ils lui ont volé son enfant.
2 ☐ Il/elle est jaloux/jalouse d'Esméralda.
3 ☐ Esméralda est la preuve de son infidélité.
4 ☐ Il/elle veut faire preuve de son respect envers la loi.
5 ☐ Il/elle veut rendre service à l'archidiacre.

Enrichissez votre **vocabulaire**

1 Comment peut-on définir l'attitude de chacun des personnages ? Complétez avec l'adjectif qui convient, puis accordez-le si nécessaire.

> peureux   injuste et opportuniste   aveugle et têtu
> menteur et odieux   envieux et égoïste

1   Fleur-de-Lys est ....

2   Phœbus est ....

3   Maître Charmolue est ....

4   La recluse est ....

5   La Falourdel est ....

2 Retrouvez la façon d'aimer de chaque personnage.

> L'archidiacre Frollo = **F**   Quasimodo = **Q**   Phœbus = **P**

1   Il aime Esmeralda pour...

   a   sa générosité et sa sensibilité. ☐

   b   sa beauté et sa jeunesse. ☐

   c   l'aura de magie qui l'entoure. ☐

2   L'amour est pour lui...

   a   un sentiment exclusif et égoïste. ☐

   b   une question purement physique. ☐

   c   un mélange de tendresse et gratitude. ☐

3   Par amour, il devient...

   a   audacieux et courageux. ☐

   b   astucieux et menteur. ☐

   c   mesquin et amoral. ☐

4   L'amour le rend ou le laisse...

   a   euphorique ou irrité. ☐

   b   fou et criminel. ☐

   c   sensible et malheureux. ☐

3 Relevez les différences entre les deux enlèvements.

1   Le soir après la fête : ....

....

2   Le jour de la condamnation ....

....

Grammaire

Le participe présent et le gérondif

- Pour former le participe présent, on ajoute la désinence **-ant** au radical de la première personne du pluriel du présent de l'indicatif.

  Les auxiliaires **être** et **avoir** ont un participe présent irrégulier.

  être → étant   avoir → ayant

  Le participe présent remplace une proposition relative.

  Croyant que l'affaire est oubliée, il revient frapper à la porte de Fleur-de-Lys.

- Le gérondif se forme avec le participe présent précédé de la préposition en.

  Il exprime la simultanéité de deux actions réalisées par le même sujet.

  En attendant ce jour, Esméralda est enfermée dans un cachot.

1 Transformez les phrases suivantes en utilisant le gérondif.

1   Gringoire tremble de peur pendant qu'il écoute l'interrogatoire de Djali.

....

2   La foule murmure d'horreur quand elle entend l'histoire de l'écu transformé en feuille.

....

3 La mère Falourdel parle de la bohémienne et elle dit qu'elle est belle comme une poupée.

   ....

4 Esmeralda implore pitié et pleure de tout son cœur.

   ....

5 Phœbus justifie sa longue absence et ment outrageusement.

   ....

2 **Complétez les phrases avec un participe présent ou un gérondif.**

1 Le cortège de prêtres avancent (*chanter*) .... des chants lugubres.

2 (*voir*) .... Esméralda, Phœbus fait semblant de ne pas la connaître.

3 (*croire*) .... que l'histoire est oubliée, Phœbus revient chez sa fiancée.

4 Esméralda, (*souffrir*) .... trop, avoue sa culpabilité.

5 (*comprendre*) .... la situation, Quasimodo décide de sauver la jeune fille.

6 (*lever*) .... la tête, Frollo voit que Phœbus n'est pas mort.

Production écrite et orale

DELF **1** Qui est maître Charmolue ? Rédigez son portrait en vous aidant des informations contenues dans le texte.

DELF **2** Vous êtes l'avocat d'Esmeralda. Dressez la liste des choses qui vous paraissent absurdes et expliquez pourquoi.

PROJET **INTERNET**

Notre-Dame de Paris

Rendez-vous sur le site http://www.blackcat-cideb.com.

Cliquez ensuite sur l'onglet Students, puis sur la catégorie *Lire et s'entraîner*. Choisissez enfin votre niveau et le titre du livre pour accéder aux liens du projet Internet.

▶ Cliquez sur « Plan de la cathédrale », puis répondez aux questions.
- Qui a établi le plan de la cathédrale ?
- Combien y a-t-il eu de phases de construction ?

▶ Quelques chiffres… Cherchez les informations suivantes dans le site :
- Combien de visiteurs reçoit chaque année la cathédrale ?
- Quel est le diamètre de la rose pierre de la façade ouest ?
- Combien mesure et pèse la flèche de la façade sud ?

▶ Un peu de vocabulaire…
- Certains mots utilisés en architecture ont un sens complètement différent dans la vie de tous les jours. Cherchez, sur le site et dans un dictionnaire, les deux sens de *chevet*, *flèche*, *rose* et *tympan*.
- Que sont les chimères et les gargouilles ?
- Après avoir cliqué sur « Lillith et autres démons », faites la liste de tous les démons cités.

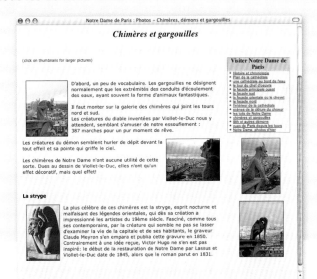

CHAPITRE **7**

Deux malheureux sur les toits de la cathédrale

L'archidiacre est bouleversé par le refus de la bohémienne ; il rentre dans la sacristie, arrache[1] ses habits de prêtre et se rend sur la rive gauche de la Seine. Lorsque le bossu libère la jeune danseuse, il n'est donc plus là pour assister à cette preuve suprême d'amour de Quasimodo envers Esmeralda. Il erre confus jusqu'aux portes de la ville en proie à la fièvre et au désespoir. Son âme est agitée par une passion fatale qui a effacé toutes ses certitudes : la science, la connaissance, la religion, et même Dieu lui semblent bien inutiles devant ce sentiment. Mais cet amour est sans espoir. Un rire satanique éclate alors sur ses lèvres : Esmeralda est morte ; lui, il est damné, et cet odieux Phœbus est toujours vivant, beau et heureux auprès de sa fiancée. À cause de

---

1. **arracher** : enlever brutalement.

Deux malheureux sur les toits de la cathédrale

lui, Frollo a perdu la seule personne qu'il avait jamais aimée. Cette pensée le fait horriblement souffrir : il pleure, il crie et s'arrache les cheveux.

Tout à coup, il décide de retourner à la cathédrale pour monter dans sa cellule, seul endroit où il peut oublier son angoisse. L'horloge sonne minuit lorsque la silhouette blanche d'une femme lui apparaît à l'angle opposé de la tour, comme un fantôme. Les forces lui manquent quand il reconnaît Esmeralda.

En effet, au Moyen Âge, chaque ville de France a un lieu d'asile, une sorte d'île où la justice humaine ne peut s'exercer. À moins d'une décision du parlement, ces lieux sont inviolables et, tant qu'il n'en sort pas, le condamné est en sécurité. Frollo le sait et Quasimodo aussi : il dépose donc l'égyptienne dans une cellule cachée sous les arcs-boutants [1] de Notre-Dame où Djali suit en silence sa maîtresse. Il revient peu après avec un panier plein de provisions, il disparaît aussitôt et réapparaît avec un matelas ; il se prive volontiers de ce qu'il a pour l'offrir à Esmeralda. Elle voudrait le remercier mais elle est tellement effrayée qu'elle ne parvient pas à articuler un mot.

— Je vous fais peur, je le sais. Je suis bien laid, n'est-ce pas ? Ne me regardez pas, mais écoutez-moi : le jour vous resterez ici ; la nuit, vous pourrez vous promener à l'intérieur de la cathédrale, mais vous ne devrez jamais en sortir. On vous prendrait, on vous tuerait et moi, j'en mourrais. Vous ne me verrez pas mais je veillerai [2] sur vous.

L'horloge sonne douze coups ; Esmeralda sort de sa cachette

---

1. **Un arc-boutant** : arc qui soutient de l'extérieur les murs d'une église gothique.
2. **Veiller** : ici, protéger.

pour suivre des yeux Quasimodo et c'est à ce moment-là que Frollo la voit apparaître.

Comme il l'a promis, chaque nuit Quasimodo veille sur son sommeil et chaque jour il surveille de loin la cellule. Quelquefois, il lui parle mais en restant derrière la porte pour ne pas l'effrayer.

Un jour, la jeune fille lui dit de rester. Il hésite un instant.

— Hélas, je ne vous entends pas, je suis sourd. C'est horrible, n'est-ce pas ? Vous êtes si belle ! Jamais je n'ai vu ma laideur comme à présent. Quand je me compare à vous, j'ai bien pitié de moi, pauvre monstre malheureux que je suis ! Mais parlez-moi par gestes et par signes, je comprendrai.

— Pauvre homme ! Dites-moi alors pourquoi vous m'avez sauvée.

— J'ai compris, vous me demandez pourquoi je vous ai sauvée. Vous avez oublié un misérable qui a tenté de vous enlever une nuit... Malgré cela, le lendemain vous n'avez pas refusé une goutte d'eau et un peu de pitié à ce misérable que je suis. Aujourd'hui, je suis prêt à donner ma vie pour ce geste... Tenez, prenez ce sifflet [1] ; quand vous aurez besoin de moi, vous sifflerez. Ce son-là, je l'entends.

Il dépose le sifflet à terre et s'enfuit. Il s'en va raconter sa douleur aux statues et aux gargouilles et se désespère de ne pas être en pierre comme elles.

Esmeralda ne le voit plus pendant des journées entières, mais elle trouve parfois un bouquet de fleurs à sa fenêtre ou un panier mieux garni que d'habitude.

1. **un sifflet :**

Notre-Dame de Paris

L'archidiacre observe le va-et-vient de son fils adoptif, il se tord de jalousie en voyant la complicité entre les deux malheureux. Une nuit, il ne tient plus et décide de monter voir Esmeralda ; il veut l'embrasser et elle doit lutter pour se libérer des bras du prêtre.

— Va-t'en démon, assassin ! Au secours ! Un vampire !

Dans le noir, elle met la main sur un petit objet métallique... c'est le sifflet de Quasimodo ! Elle siffle de toutes ses forces.

Un instant après, Frollo est immobilisé par le bras vigoureux de Quasimodo qui le menace d'un gros couteau et d'une voix terrifiante :

— Pas de sang chez elle !

Sa main de géant traîne alors le prêtre hors de la cellule. Sous la lumière de la lune, il reconnaît l'archidiacre et en reste pétrifié. Il lâche prise, laisse tomber le couteau et recule de quelques pas. Du coup, les rôles s'inversent : c'est maintenant le prêtre qui menace et Quasimodo qui supplie, à genoux, devant la porte de l'égyptienne.

— Monseigneur, si vous voulez lui faire du mal, tuez-moi d'abord.

L'archidiacre se jette sur le pauvre bossu, mais Esmeralda est plus rapide, elle prend le couteau :

— Approche ! Tu n'oses plus, n'est-ce pas ? Tu n'es qu'un lâche [1] ! Ah ! Je sais que Phœbus n'est pas mort !

Avec un coup de pied violent, Frollo écarte Quasimodo, puis, aveuglé par la rage et la jalousie, se précipite avec fureur dans l'escalier. Si Esmeralda n'est pas à lui, elle ne sera à personne.

Quasimodo ramasse le sifflet et le rend à la bohémienne avant de s'enfuir.

---

1. **Un lâche** : personne qui manque de courage.

Compréhension écrite et orale

DELF **1** Écoutez attentivement l'enregistrement du chapitre, puis cochez la bonne réponse.

1 Pendant que Quasimodo libère Esmeralda, l'archidiacre

    a ☐ se désespère d'avoir causé la mort de la jeune fille.

    b ☐ est heureux de s'être enfin libéré de sa passion.

    c ☐ s'isole pour réfléchir sur le sort d'Esmeralda.

2 Quand Frollo revient à la cathédrale,

    a ☐ il entrevoit Esmeralda dans l'obscurité et en a très peur.

    b ☐ il voit Quasimodo qui sonne les cloches de minuit.

    c ☐ il trouve Esmeralda dans son refuge.

3 La cathédrale est un lieu d'asile

    a ☐ dont il est possible de sortir seulement la nuit.

    b ☐ que la bohémienne ne doit jamais quitter.

    c ☐ où Esmeralda peut se promener où et quand elle veut.

4 Quasimodo est plein d'attentions envers Esmeralda :

    a ☐ il la surveille et la contrôle nuit et jour.

    b ☐ il veille sur elle, mais n'impose pas sa présence.

    c ☐ il l'invite à se promener la nuit sous les toits et dans la cathédrale.

5 Devant la beauté de la bohémienne, Quasimodo

    a ☐ s'extasie.

    b ☐ se rend compte de la laideur de ce monde.

    c ☐ se sent plus laid et plus malheureux.

6 Esmeralda ne le voit pas souvent

    a ☐ et ne sait pas où le trouver en cas de besoin.

    b ☐ mais sait comment l'appeler et communiquer avec lui.

    c ☐ et elle le prie de rester avec elle.

7 Quand l'archidiacre surprend Esmeralda dans sa cachette,

    a ☐ elle voudrait le tuer avec un couteau.

    b ☐ elle se défend toute seule.

    c ☐ elle siffle pour appeler Quasimodo.

11 **2** Écoutez et complétez.

Esmeralda passe ses (**1**)................ à regarder la ville du (**2**)................ de la cathédrale. Un jour, elle voit un homme à cheval s' (**3**)................ devant la porte de la maison de Fleur-de-Lys. Elle (**4**)................ Phœbus, crie son nom, mais ce dernier ne répond pas et c'est Quasimodo qui (**5**)................ . Il ne comprend pas comment Esmeralda peut aimer cet homme (**6**)................ et méchant. Il se sent humilié mais il ferait (**7**)................ pour la voir heureuse. Comme il ne réussit pas à la (**8**)................, il propose d'aller chercher le capitaine et de (**9**)................ jusque dans la cathédrale.

C'est le jour des (**10**)................ de Phœbus avec Fleur-de-Lys ; beaucoup d'invités participent à la (**11**)................ . Quasimodo attend (**12**)................ ; lorsque Phœbus sort, il (**13**)................ du capitaine et lui révèle que l'égyptienne n'est pas morte et qu'elle (**14**)................ en haut de la tour de Notre-Dame. Phœbus n'aime pas les histoires trop (**15**)................ ni trop profondes, et puis cette (**16**)................ lui fait peur. Il chasse Quasimodo et (**17**)................ dans l'obscurité. Quasimodo ne veut pas (**18**)................ cette triste vérité. Il retourne à la cathédrale et dit qu'il n'a pas été capable de retrouver Phœbus. Pour le bien d'Esmeralda, il préfère le (**19**)................ à la déception.

Enrichissez votre **vocabulaire**

1 Relevez tous les adjectifs qui caractérisent l'état d'esprit de Frollo.

2 Complétez chaque diagnostic avec les mots suivants.

varicelle	crise de panique	rhume	grippe
migraine	amoureux/amoureuse		torticolis

1 Vous avez de la fièvre, vous toussez, vous avez mal partout.
   Vous avez la ....

2 Vous ne pouvez plus tourner la tête à droite et à gauche.
   Vous avez un ....

3   Vous n'avez ni faim ni soif, mais vous êtes en pleine forme.
Ne vous inquiétez pas, vous êtes ....

4   Vous avez de la température et des boutons partout.
C'est la ....

5   La lumière et les bruits vous gênent, vous sentez comme des
coups de marteau dans la tête. C'est une ....

6   Vous éternuez et vous vous mouchez sans arrêt.
C'est simplement un ....

7   Vous êtes pâle et incapable d'articuler un mot.
C'est une ....

3 **Associez chaque expression à sa signification.**

1	☐ coup sur coup	a	vieillir beaucoup et d'un seul coup
2	☐ du premier coup		
3	☐ tenir le coup	b	aider quelqu'un
4	☐ tout à coup	c	résister, supporter
5	☐ un coup de foudre	d	amour à première vue
6	☐ donner un coup de main	e	appeler au téléphone
7	☐ passer un coup de fil	f	de suite, immédiatement
8	☐ prendre un coup de vieux	g	brusquement
		h	sans interruption, l'un après l'autre

Production écrite et orale

DELF **1** Vous êtes malade. Vous vous mettez au lit et votre mère téléphone au
médecin. Imaginez leur dialogue.

DELF **2** Selon vous, l'amitié est-elle plus importante que l'amour ? Vous
donnerez des exemples pour illustrer vos idées.

CHAPITRE **8**

L'assaut
à la cathédrale

Gringoire est trop philosophe pour se mêler d'une affaire aussi **dangereuse.** Il a appris que son épouse, la bohémienne, s'est réfugiée dans Notre-Dame et il ne veut pas en savoir davantage. Le jour, il fait n'importe quoi pour gagner son pain, la nuit, il compose des vers que personne n'achètera. Un jour, tandis qu'il observe extasié l'architecture d'une église, une main se pose sur son épaule. C'est son ancien maître, l'archidiacre Frollo.

— Comment vous portez-vous, mon vieux Gringoire ?

— Fort bien, maître. Vous voyez, j'admire ces pierres. La perfection de ce travail est un enchantement pour mon esprit. Je passerais mes journées à le contempler.

— Et cela vous rend heureux ? C'est bien peu de chose tout cela. Votre métier n'a rien de sublime, vous êtes toujours seul et me semblez plutôt misérable.

L'assaut à la cathédrale

— Misérable... oui ; malheureux non, en vérité ! Vous savez, monsieur l'archidiacre, j'ai d'abord aimé des femmes, puis des bêtes et maintenant j'aime les pierres. C'est tout aussi amusant que les bêtes et les femmes, et c'est moins perfide. [1]

— Comment ? ! Vous avez donc oublié votre épouse ? Elle, qui vous a sauvé la vie, perdra bientôt la sienne.

— Comment cela ? Notre-Dame n'est donc plus un asile inviolable ?

— Non, hélas [2]. Il y a eu un nouvel arrêt du Parlement : dans trois jours, la bohémienne sera prise et pendue sur la place de Grève. Vous ne voulez rien faire pour elle ?

— Je vois que vous vous intéressez toujours à cette fille...., je veux dire à ma femme. C'est bien, mais je ne vois pas ce que je pourrais faire.

Frollo a élaboré un plan diabolique et se sert de Gringoire pour arriver à ses fins. Le roi Louis XI ne voudra jamais accorder la grâce à la condamnée. Voilà donc l'idée géniale de Frollo : si Gringoire prenait les habits et la place de la bohémienne dans sa cachette, à l'arrivée des gardes, la fille serait déjà loin et lui serait pendu à sa place.

Gringoire est un idéaliste, il aime le beau geste tragique, mais il aime aussi la vie, surtout la sienne, et cette solution ne lui convient pas du tout. Il suggère plutôt d'alerter la cour des Miracles : le duc d'Égypte et toute sa tribu vont sûrement intervenir pour délivrer la fille. Ils sont nombreux et astucieux, ils savent être féroces.

Gringoire se charge de mettre les égyptiens au courant de la

---

1. **Perfide** : déloyal.
2. **Hélas** : malheureusement.

Notre-Dame de Paris

situation. Leur réponse est immédiate, l'assaut est décidé sur le champ :

— Cette pauvre Esmeralda est notre sœur. Elle est toujours à Notre-Dame ? Eh bien, on donnera l'assaut à la cathédrale. Comme récompense, les camarades pourront prendre dans l'église tout l'or qu'ils voudront.

Quand minuit sonne, tous les truands, hommes, femmes et enfants, armés de fourches [1], de bâtons et de faux [2], se mettent en marche vers la cathédrale. Ils avancent dans la nuit la plus noire et dans le silence le plus profond. Les torches ne s'allumeront qu'au pied de l'église : la surprise sera alors totale et le succès assuré.

Cette nuit-là, Quasimodo est inquiet. Il vérifie plusieurs fois la fermeture des portes de l'église, puis il jette un regard triste à ses cloches. Il rencontre l'archidiacre et le voit plus tendu qu'à l'ordinaire. Depuis l'aventure nocturne dans la cellule de la bohémienne, Frollo ne manque pas l'occasion de le maltraiter et de l'insulter. Mais la gratitude de Quasimodo envers son père adoptif est éternelle et il se soumet de bon gré à sa brutalité.

Le calme de la nuit semble troublé par quelque chose d'invisible. Quasimodo inspecte les toits de la ville, les ruelles. Il entrevoit des ombres en mouvement. Le danger approche, il le sent. Comment pourrait-il faire évader l'égyptienne ? Sans bateau, il n'y a pas d'issue [3] possible. Quasimodo est confus et

1. **Une fourche :**

2. **Une faux :**

3. **Une issue :** sortie.

terrorisé. Il court frénétiquement de droite à gauche et amasse près de la balustrade tout ce qui peut devenir une arme.

Tout à coup, une lumière brille sur le parvis. Quasimodo n'entend pas les cris mais il voit une foule attaquer le portail de la cathédrale à coups de marteau. La fermeture est solide, mais combien de temps pourra-t-elle résister à l'assaut ?

Quasimodo passe à la contre-attaque : dans un fracas infernal, une énorme poutre [1] tombe du ciel et écrase une douzaine d'hommes. C'est un massacre ! D'en bas, on ne voit rien qui puisse expliquer cette vengeance du ciel, le duc d'Égypte pense donc à une sorcellerie.

— Diables de l'enfer ! Les prêtres se vengent. Il faut abattre le portail !

Mais les hommes ne bougent pas. On dirait qu'ils ont peur de cette cathédrale, impressionnante dans sa majesté.

— C'est un bélier [2] qu'il vous faut ? Eh bien, prenez cette poutre tombée du ciel et mettez-vous au travail.

Les coups sont violents, tout l'édifice tremble et le portail résonne comme un tambour.

Quasimodo commence à lancer les projectiles qu'il a empilés le long de la balustrade ; il ne manque pas un coup ! Mais les assaillants sont nombreux et ne s'arrêtent pas pour quelques morts dans leurs rangs. Ils pensent aussi aux richesses qu'ils pourront trouver dans l'église. En fait, la plupart des truands sont là surtout pour le précieux butin plutôt que pour la petite bohémienne.

---

1. **Une poutre** : grosse pièce de bois qui sert de support à une construction.
2. **Un bélier** : ici, instrument qui sert à enfoncer les portes des villes assiégées.

L'assaut à la cathédrale

Quasimodo se sent perdu. Il est prêt à mourir pour défendre Esmeralda. Mais voilà qu'il remarque deux gouttières de pierre situées juste au-dessus de la grande porte. Une idée lui vient à l'esprit : il court chercher du bois et des rouleaux de plomb qui servaient aux réparations des toits, puis il y met le feu avec sa lanterne.

Le portail est sur le point de céder lorsque deux jets de plomb fondu commencent à couler. La situation se précipite. Le métal bouillant brille dans la nuit comme une cascade lumineuse et creuse deux trous noirs au milieu de la foule ; ceux qui ne sont pas touchés s'enfuient en passant sur les cadavres. En haut des tours, les truands voient enfin Quasimodo, le mauvais génie qui a déchaîné [1] à lui seul tout cet enfer.

Gringoire a bel et bien disparu, mais en revanche Jehan Frollo apparaît au pied de la cathédrale aux côtés des truands : pour punir son frère de l'avoir maltraité, il avait demandé asile à la cour des Miracles et maintenant, il participe activement à l'assaut. Il connaît bien les lieux, il trouve facilement une échelle et décide de monter jusqu'à la balustrade. Une fois en haut, il prépare son arbalète. Quasimodo le rejoint, le désarme et le pousse violemment contre le mur, puis le lance dans le vide. Le corps de Jehan s'arrête au milieu de sa chute, suspendu à une protubérance de l'édifice.

Une violence furieuse s'empare de la foule, des torches s'allument, le feu monte, la colère aussi.

Quelqu'un va prévenir le roi Louis XI et attend ses ordres.

---

1. **Déchaîner** : ici, provoquer.

Notre-Dame de Paris

— Sire, une sorcière a été condamnée à mort. Elle s'est réfugiée dans Notre-Dame. Le peuple veut la libérer et assiège la cathédrale.

À ces nouvelles, le roi n'hésite pas une seconde :

— Tuez, exterminez-les tous et que personne ne survive. Et la sorcière... eh bien, puisque le peuple y tient au point de détruire ma belle cathédrale, pendez-la. Au diable l'asile, la Vierge nous pardonnera !

Entre-temps, l'archidiacre réussit à trouver Gringoire caché au milieu de la foule et le force à le suivre.

— J'ai la clé des tours. Tu viendras avec moi ; Esmeralda ne doit pas me voir. Il y a une porte derrière le cloître. Elle donne sur la Seine et ce matin, j'y ai amarré [1] un bateau. Je te promets que nous emporterons la chèvre aussi. Mais fais vite, diable d'un poète !

L'armée du roi arrive à Notre-Dame et disperse rapidement le peuple de la cour des Miracles. Le capitaine Phœbus est parmi ces hommes. Quasimodo, les voyant arriver, se croit sauvé et peut enfin penser à Esmeralda. Il grimpe comme un forcené jusqu'à la petite cellule, mais lorsqu'il entre, il la trouve vide...

---

1. **Amarrer** : fixer, attacher un bateau avec des cordes.

Compréhension écrite et orale

DELF **1** Lisez attentivement le chapitre, puis remettez les actions de chaque personnage dans l'ordre chronologique.

1 Gringoire

    a ☐ Il accompagne l'archidiacre à la cathédrale.

    b ☐ Il n'accepte pas de sacrifier sa vie pour Esmeralda.

    c ☐ Il propose de demander l'aide des truands pour libérer la jeune fille.

    d ☐ Il rencontre Frollo.

    e ☐ Il se déclare heureux malgré tout.

2 Frollo

    a ☐ Il ne réussit pas à cacher son intérêt pour Esmeralda.

    b ☐ Il prépare un plan diabolique qui se transforme en tragédie.

    c ☐ Il se met à la recherche de Gringoire.

    d ☐ Il veut libérer Esmeralda pour s'enfuir avec elle.

3 Quasimodo

    a ☐ Il a un seul souci : protéger Esmeralda.

    b ☐ Il prend tout ce qu'il trouve sur les toits et le jette en bas.

    c ☐ Il est confus et très inquiet : il sent le danger s'approcher.

    d ☐ Il va chercher Esmeralda mais trouve la cellule vide.

    e ☐ Il ne manque pas un coup et tue beaucoup de truands.

4 Les truands

    a ☐ Ils essaient d'enfoncer le grand portail.

    b ☐ Ils se battent pour délivrer Esmeralda et pour voler l'or de Notre-Dame.

    c ☐ Ils pénètrent dans la Cité à minuit, dans le silence et l'obscurité.

    d ☐ Ils sont dispersés par les troupes du roi arrivées en force.

Enrichissez votre **vocabulaire**

1 Les truands de la cour des Miracles utilisent des armes utilisées généralement pour le jardinage. Associez chaque mot à l'image correspondante.

a une pelle

b un râteau

c une bêche

d une pioche

e une hache

f une serpe

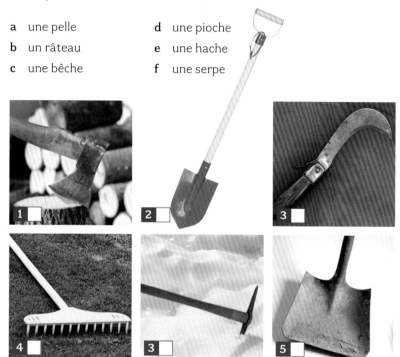

Grammaire

L'hypothèse

L'hypothèse sert à :

- exprimer un fait présent ou futur soumis à une condition.

  Si + présent de l'indicatif, présent de l'indicatif/futur

  *Si tu **tiens** à Esméralda, tu **peux** la sauver.*

  *Si tu **tiens** à Esméralda, je t'**aiderai** à la sauver.*

- exprimer un fait futur hypothétique soumis à une condition.

  Si + imparfait, conditionnel présent

  *Si Gringoire **prenait** la place de la bohémienne [...], la fille **serait** déjà loin.*

- évoquer un fait qui aurait pu se produire dans le passé mais ne s'est jamais réalisé.

  Si + plus-que-parfait, conditionnel présent/passé

  *Si Quasimodo **avait pu** sauver Esméralda, il **serait heureux**.* (dans le présent)
  *Si Quasimodo **avait pu** sauver Esméralda, il **aurait été heureux**.* (dans le passé)

1 Transformez les phrases en utilisant les trois types d'hypothèse.

1 Si les truands (*entrer*) .... dans la cathédrale, ils (*voler*) .... le trésor.

....

....

2 Si les soldats (*capturer*) .... Esmeralda, elle (*être*) .... pendue.

....

....

3 Si Jehan (*trouver*) .... une échelle, il (*escalader*) .... la façade.

....

....

2 Conjuguez les verbes entre parenthèses au temps qui convient.

1 Si Esmeralda (*accepter*) .... l'amour de Frollo, il l'aurait sauvée.

2 Si Quasimodo (*ne pas réagir*) ...., Jehan l'aurait tué.

3 Si Gringoire avait été plus courageux, il (*emporter*) .... Esmeralda.

4 S'il n'était pas sourd, Quasimodo (*comprendre*) .... mieux la situation.

5 Si le peuple attaque la cathédrale, les soldats du roi (*intervenir*) ....

6 Si le roi (*savoir*) .... exactement ce qui se passait, il prendrait une autre décision.

S'orienter dans le temps

Ces mots sont utilisés pour se situer dans le temps.

Avant			Après	
AVANT-HIER	HIER	AUJOURD'HUI	DEMAIN	APRÈS-DEMAIN

*On se voit **demain** ?*

Lorsque l'action n'est pas liée au moment même de l'énonciation mais à une date précise, ces mots changent et sont précédés d'un article défini.

Avant			Après	
L'AVANT-VEILLE	LA VEILLE	LE JOUR + DATE	LE LENDEMAIN	LE SURLENDEMAIN

*Ils se sont vus **le lendemain.***

3 **Remettez les phrases dans l'ordre chronologique, puis changez la situation d'énonciation.**

Exemple : *Le lendemain, j'ai visité la ville.* → *Demain, je visiterai la ville.*

1 ☐ Il a acheté de la marchandise le 4 avril.

☐ Il est arrivé à Paris la veille.

☐ Le lendemain, il a participé à une fête.

☐ Le surlendemain, il est retourné à Gand.

2 ☐ J'achète mon billet.

☐ Je pars, enfin !

☐ Je prépare ma valise.

☐ J'invite mes copains pour fêter mon arrivée

CHAPITRE 9

La bohémienne
et la recluse
de la Tour-Roland

Frollo et Gringoire arrivent sans difficulté à la cachette de la
bohémienne. Elle reconnaît le poète mais l'homme mystérieux
qui l'accompagne lui fait peur.

— Soyez tranquille, c'est un de mes amis ; il est inoffensif.
Nous sommes ici pour vous sauver de la pendaison, vous et Djali.
Un bateau nous attend sur la Seine.

Ils ont la clé de toutes les portes et descendent rapidement,
mais Esmeralda ne se sent pas en sécurité. Ils montent sur le
bateau et le courant les emporte loin de l'île. Bientôt, la
cathédrale n'est plus qu'une silhouette qui brille d'une lumière
sinistre.

Lorsqu'ils débarquent sur l'autre rive, Gringoire s'éloigne
immédiatement avec la chèvre et laisse Esmeralda entre les

mains de l'inconnu. Frollo prend la fille par un bras et l'amène sur la place de Grève : il pense que, devant le supplice qui l'attend, la bohémienne finira par se plier à sa volonté et le suivra docilement. Il enlève donc son capuchon et découvre son visage livide.

— C'est à cause de toi si je me suis perdu et c'est avec toi que je veux retrouver la vie. Ne me parle pas de ton Phœbus, tu ne l'auras jamais, il ne t'aura jamais. Il te poursuit d'ailleurs avec les soldats du roi. Ils viennent pour te pendre. Moi, je veux te sauver. Je t'ai tout sacrifié : ma science, mon âme, mon Dieu et même mon frère. J'ai vu Quasimodo le tuer pour te défendre, et je n'ai pas empêché son geste parce que je t'aime. Tu n'as qu'à choisir : moi ou la mort.

— La mort me fait moins horreur que vous. Je préfère mourir plutôt que de me laisser toucher par un assassin !

Alors, Frollo appelle les sergents pour leur révéler la présence de la bohémienne.

Derrière la grille de sa cellule, la recluse de la Tour-Roland a assisté à la scène. Esmeralda échappe à Frollo et vient implorer l'aide de la vieille.

— Je vous en supplie, cachez-moi. Que vous ai-je fait ? Vous me maudissez chaque fois que vous me voyez...

— Tu es une fille d'Égypte. Si ma fille était encore vivante, elle aurait ton âge. Des égyptiens l'ont enlevée et l'ont dévorée. Voilà quinze ans que je pleure.

— Ayez pitié, madame ! Vous cherchez votre enfant, moi je cherche mes parents. Une gitane m'a donné une amulette. Elle m'a dit qu'en voyant cette petite chaussure mes parents

La bohémienne et la recluse de la Tour-Roland

pourraient me reconnaître.

La recluse ne veut rien entendre ; elle prend le seul souvenir qui lui reste de sa petite Agnès et montre la petite chaussure comme elle présenterait une croix à un vampire. Esmeralda ouvre le petit sachet qu'elle porte toujours au cou et lui tend l'autre chaussure.

Quinze années de chagrin et de souffrances s'évanouissent d'un seul coup. Voilà donc pourquoi elle se sentait bouleversée chaque fois que la bohémienne passait près d'elle ! La pauvre femme serre tendrement dans ses bras l'enfant tant attendue. Elle n'a plus de larmes pour manifester son bonheur.

Mais l'archidiacre ne lâche pas prise. Face au refus de la bohémienne, sa folie se déchaîne. Les soldats arrivent. La recluse tente en vain de cacher Esmeralda, d'offrir sa misérable vie en échange de la liberté de sa fille, elle s'accroche au corps de son enfant adorée. Frollo, impitoyable, laisse les soldats les emmener sans prononcer un mot de regret ou de compassion.

Quand le bourreau passe la corde autour du cou d'Esmeralda, le cœur de la mère a déjà cessé de battre, emporté par la trop forte émotion. Le bonheur retrouvé n'aura duré que l'espace d'un instant.

Derrière la balustrade de la cathédrale, Quasimodo, la tête entre ses mains, reste immobile et muet, foudroyé par la douleur. Des larmes coulent de son œil qui n'avait jusqu'alors pleuré qu'une seule fois. L'archidiacre n'est pas loin, il regarde lui aussi la place de Grève. Lorsqu'Esmeralda succombe enfin à la

Notre-Dame de Paris

mort, un rire effroyable se dessine sur son visage livide. Quasimodo n'entend pas ce rire satanique, mais son cœur ne peut plus supporter la vue de cet homme diabolique. Il s'approche de l'archidiacre, se jette sur lui et le pousse dans le vide. Puis, d'un air halluciné, il promène son regard du corps sans vie d'Esmeralda au cadavre de Frollo, écrasé sur le parvis, et il murmure :

— Voilà tout ce que j'ai aimé.

Quand la nuit tombe sur cette journée terrible, Quasimodo a disparu. Les gens sont persuadés que l'archidiacre était un sorcier et que le bossu était l'émissaire du diable.

Deux ans plus tard, quelqu'un visite la cave de Montfaucon où sont entassés les cadavres des condamnés à mort. Il se trouve devant les restes de deux corps enlacés [1] : l'un des deux porte encore à son cou un collier orné d'un sachet de soie, ouvert et vide. L'autre est le squelette d'un homme avec la colonne vertébrale déviée et une jambe plus courte que l'autre. On ne voit aucune rupture de vertèbre à la nuque, il n'a donc pas été pendu. S'il se trouve en ce lieu, c'est parce qu'il est venu mourir ici de sa propre volonté. Quand on tente de les séparer, ils tombent en poussière.

1. **Enlacé** : serré l'un contre l'autre.

Compréhension écrite et orale

DELF **1** Lisez attentivement le chapitre, puis dites si les affirmations suivantes sont vraies (V) ou fausses (F).

		V	F
1	Frollo et Gringoire vont libérer Esmeralda.	☐	☐
2	Elle les suit pleine de confiance et de gratitude.	☐	☐
3	Un bateau les amène loin de la ville.	☐	☐
4	Sur la place de Grève, devant le lieu du supplice, Frollo ôte son capuchon.	☐	☐
5	Esmeralda finit par se plier à sa volonté.	☐	☐
6	Phœbus est là pour sauver Esmeralda.	☐	☐
7	La recluse accepte immédiatement de cacher Esmeralda.	☐	☐
8	Esmeralda montre son amulette et sa mère la reconnaît.	☐	☐
9	Frollo se sent coupable de toute cette tragédie.	☐	☐
10	Quasimodo se laisse mourir enlacé au corps d'Esmeralda.	☐	☐

Enrichissez votre **vocabulaire**

1 Reconstituez les couples d'amants célèbres.

1 ☐ Roméo		a	Andromaque
2 ☐ Don Quichotte		b	Pénélope
3 ☐ Hector		c	Dulcinée
4 ☐ Adam		d	Iseult
5 ☐ Lancelot		e	Juliette
6 ☐ Ulysse		f	Ève
7 ☐ Tristan		g	Guenièvre

1 Décrivez les images, puis remettez-les dans l'ordre chronologique.

a ☐ ....
....

b   ....
....

c ☐ ....
....

d ☐ ....
....

2 **Répondez aux questions.**

1   Que fait Gringoire pour gagner sa vie ?

....

2   Pourquoi Esméralda déteste-t-elle Frollo ?

....

3   Qui a remplacé l'écu par la feuille sèche ?

....

4   Comment fait-on avouer sa culpabilité à Esméralda ?

....

5   Pourquoi Quasimodo sauve-t-il Esméralda ?

....

6   Le soir de l'attaque de Notre-Dame, que fait Jehan pour prouver son courage ?

....

3 **Cochez la bonne réponse.**

1   Quasimodo est

a ☐ poseur   b ☐ sonneur   c ☐ nettoyeur
de cloches.

2   Esméralda est

a ☐ bohémienne.   b ☐ tsigane.   c ☐ gitane.

3   Frollo est

a ☐ archidiacre.   b ☐ diacre.   c ☐ évêque.

4   Phœbus est

a ☐ capitaine   b ☐ chef   c ☐ général
des archers du roi.

5   Gringoire est

a ☐ écrivain.   b ☐ comédien.   c ☐ danseur.

4 Remplissez la grille. Les cases en rouge vous donneront le nom d'un personnage secondaire mais très important de l'histoire.

1 Imitation qui ridiculise.
2 Terme grossier.
3 Lieu où habite Quasimodo.
4 Personne qui a perdu la vue.
5 Résultat de la corrosion du fer.
6 Insecte vert qui se déplace en sautant.
7 Personne qui manque de courage.
8 Elle habite la Tour-Roland.
9 Science occulte qui cherche à transformer le plomb en or.
10 Femme qui pratique la magie et la sorcellerie.
11 Le nom de cette place signifie de nos jours : abstention volontaire de travailler en signe de protestation.
12 Petit récipient qui permet de transporter des liquides.
13 Au Moyen Âge, nom donné aux nomades.

ʾagit de _ _ _ _ _ _ _ _ _ _ _ _ _.

5 Complétez le tableau.

De nos jours, ...	Au Moyen Âge, ...
1 on les appelle les bohémiens.	on les appelait les ....
2 la France est gouverné par	la personne qui gouverne est le roi.
3 la condamnation la plus importante est la prison à perpétuité.	les gens étaient condamnés ....
4 avoir la peau .... est synonyme de beauté.	avoir la peau blanche est synonyme de beauté.
5 on va dans un bar pour boire un verre.	les hommes allaient boire dans des ....
6 la nuit, on utilise des lampes électriques pour s'éclairer.	lorsqu'il faisait nuit, on s'éclairait à la lueur des ....

6 Complétez les phrases.

1 L'histoire se passe en .... au mois de ....

2 La mère d'Esméralda, surnommée la recluse, s'appelle en réalité ....

3 Claude Frollo exerce le métier d' .... et Pierre Gringoire celui de ....

4 Phœbus est le capitaine des ....

5 Quasimodo tout comme le juge est privé du sens de l'ouïe. Ils sont ....

6 Les truands vivent à la .... des ....

7 Djali, la chèvre d'Esmeralda, sait écrire le mot ....

8 Le frère de Claude Frollo s'appelle ....

9 Esméralda et sa mère se reconnaissent grâce à ....